A.A. en Prisiones
de PRESO a PRESO

Alcoholics Anonymous World Services, Inc., New York, N.Y.

A.A. EN PRISIONES: DE PRESO A PRESO

*Este sello aparece en la literatura aprobada
por la Conferencia de Servicios Generales.*

Se recomendó que: se apruebe la recomendación del
Comité de Instituciones Correccionales de los custodios
de que se publicara una colección de historias de instituciones correccionales publicadas por primera vez en el
Grapevine (y en otros lugares). (Acción Recomendable
de la 40ª Conferencia de Servicios Generales).

ISBN: 0-916856-46-1

Impreso en los Estados Unidos

A.A. en Prisiones
de PRESO a PRESO

Prólogo

Las historias contenidas en este libro aparecieron originalmente en el A.A. Grapevine, la revista mensual internacional de A.A. Son las historias personales del milagro de la recuperación, tal como las cuentan 32 reclusos que encontraron la esperanza y la liberación de la enfermedad devastadora del alcoholismo por medio del programa de Alcohólicos Anónimos. Estos miembros de A.A. comparten contigo su propia experiencia con la esperanza de que tú te identifiques con su problema y que consigas la fortaleza, por medio de los Doce Pasos, la camaradería y las herramientas del programa de A.A., para unirte a ellos en el camino de la recuperación —física, mental y espiritual— del alcoholismo.

He visto a cientos de familias poner sus pies en el sendero por el que sí se llega a alguna parte; he visto componerse las situaciones domésticas más imposibles; peleas y amarguras de todas clases eliminadas. He visto salir de manicomios a individuos para reasumir un lugar vital en las vidas de sus familias y de sus comunidades. No hay casi ninguna clase de dificultad y de miseria que no haya sido superada entre nosotros.

Cofundador Bill W.
en "La Historia de Bill"
Alcohólicos Anónimos, pág. 14

ALCOHOLICOS ANONIMOS es una comunidad
de hombres y mujeres que comparten
su mutua experiencia, fortaleza y esperanza
para resolver su problema común y ayudar
a otros a recuperarse del alcoholismo.

El único requisito para ser miembro de A.A. es el
deseo de dejar la bebida. Para ser miembro de
A.A. no se pagan honorarios ni cuotas; nos
mantenemos con nuestras propias contribuciones.
A.A. no está afiliada a ninguna secta religiosa,
partido político, organización o institución alguna;
no desea intervenir en controversias; no
respalda ni se opone a ninguna causa. Nuestro
objetivo primordial es mantenernos sobrios y
ayudar a otros alcohólicos a alcanzar el
estado de sobriedad.

Contenido

*Indica el mes y año en los que apareció la historia en el Grapevine.

¡AQUI MISMO AHORA MISMO!

Como prisionero recién puesto en libertad condicional que encontró el programa de A.A. en prisión y que ahora asiste a reuniones de afuera de Alcohólicos Anónimos, creo que mi condición, parecida a la del dios de las puertas que mira adelante y atrás, hacia el pasado y el futuro, me capacita para exponer los pormenores del programa para que los de afuera puedan ver adentro, y los de adentro puedan ver afuera... con cierta seguridad de que, una vez que sean puestos en libertad, serán libres para siempre.

Así que, ahora mismo, aquí mismo, les digo que la hora y el lugar apropiados para empezar a practicar el programa de A.A. —sea que se encuentre dentro o afuera— es: aquí mismo, ahora mismo.

Muchos de ustedes de adentro fijarán su atención en los que eran activos en A.A. en prisión y que, al salir, bajaron del autobús, entraron en un bar y volvieron a sus celdas. "¿Para qué sirve?" dicen ustedes. "Este truco no hará que te quedes en libertad." Y tienen completa razón... como truco no va a evitar que volvamos a la prisión. Pero como programa, sí lo hará.

Practicar el programa significa más que leer los Doce Pasos y hablar ante el grupo para impresionar a los A.A. de afuera, para después abordarles personalmente y pedirles te ayuden a conseguir la libertad. A menos que tus palabras pasen por el portavoz que es tu corazón, enriquecidas por la sinceridad y la humildad, eres tan participante en el programa como es culto un loro que puede citar a Shakespeare.

Yo durante tres años escuchaba a hombres contar historias que trataban de lo que iban a hacer cuando fueran puestos en libertad. Al principio mi palabrería tenía más o menos el mismo tono. Pero no soy de los que construyen castillos en el aire. Viejo discípulo de Omar Khayyam, me aferraba a la filosofía de que más vale agarrarse a lo real y olvidarse de lo prometido. La mayoría de los presos siempre hemos actuado según este principio, porque la inmadurez emocional no puede captar lo abstracto. Así que, durante un par de meses, me ausentaba de A.A., con el pretexto de tener que trabajar de noche. Pero no tenía ninguna excusa para no ir a la iglesia los domingos ...

La asistencia, tanto a las reuniones de A.A. como a los servicios religiosos, al ser inscrita en nuestros expedientes, puede causar una buena impresión cuando nos presentamos ante la Junta de Libertad Condicional. Ambos son yugos que ponen nuestros hombros en carne viva cuando nuestro motivo no es más que salir de la prisión. El cielo parecía estar a un millón de años luz de distancia, y me parecía que yo sería una estrella extinguida antes de poder atravesar tanto espacio. Me preocupaba por el provecho que pudiera sacar de ello ahora mismo. La respuesta me llegaba lentamente: el reino de los valores y de lo moral es real.

Pero la iglesia no me había solucionado mi problema de alcoholismo, así que me puse a leer el libro *Alcohólicos Anónimos*, prestando especial atención al Capítulo V, "Cómo Trabaja." Volví a A.A., esta vez no para integrarme en el programa cuando saliera en libertad, sino para aceptar lo que tuviera que ofrecerme en prisión. Todavía era asunto de "pague-y-lleve." No tenía confianza en los pagarés de Bill y del Dr. Bob.

Así fue como se me ocurrió por primera vez el tema de *aquí mismo, ahora mismo,* el cual empezaba a dar color a mis charlas. Al principio creí que era una suerte; más tarde llegué a darme cuenta de que era Dios como yo Lo concebía. Cobraba todos los días. El primer pago fue percatarme de que eran los patrones emocionales los que me hacían buscar el escape por medio del alcohol. Eso me exigía que hiciera un inventario sincero, y mi inventario moral fue el paso más duro de todos.

En aquel entonces, me seleccionaron como conejillo de Indias para la sicoterapia, una innovación del programa del Departamento de Correccionales de California. Gracias a A.A., yo podía ser completamente franco y sincero con mi terapeuta y conmigo mismo. Me llevó un año entero, pero, poco a poco, se me revelaba que A.A., mi iglesia y la sicoterapia eran medios relacionados e interdependientes para efectuar un cambio de personalidad.

Todavía no sé lo que me pasó. El odio que sentía para con los oficiales de la prisión era un resentimiento, el cual, A.A. me decía, yo no podía permitirme el lujo de tener. El sicoterapeuta me hizo ver que los oficiales de la prisión no eran sino los escapes de las frustraciones de mi niñez causadas por un padre severo. La iglesia me decía que perdonara a mis enemigos. Acabé quietamente pidiendo *su* perdón. ¿El cambio? En el pasado, me daba gusto destrozar la propiedad del estado (de niño, encerrado en un armario oscuro, furtivamente solía rasgar la ropa de mi madre); ahora, empezaba a recoger los clips que veía en el suelo de los pasillos. Lo hice de manera cohibida al comienzo y, más tarde, convencido de que estaba practicando los principios de A.A. Incluso me enfrenté con el recuerdo de haber rasgado la ropa de mi mujer cuando me dejaba solo durante mis borracheras. Estas eran las acciones de un niño abandonado en un armario de soledad por su "madre." Empecé a darme cuenta de que yo no era malo moralmente, sino que estaba enfermo emocionalmente.

Después de tres años y nueve meses de trabajar en el programa del Departamento de Correccionales del Estado de

California, fui puesto en libertad condicional.

Lo que tengo que decirles a ustedes de adentro no les será fácil de aceptar: dejen de planear para la vida de afuera como si en la puerta fuesen a experimentar un cambio mágico. Vas a cambiar *ahora* o *nunca*. Ni es de tanta importancia el que seas puesto en libertad el año que viene. Lo importante es: prepararte ahora para entonces. La junta de libertad condicional te está mirando. La manzana madura se cosecha a su tiempo. Los miembros de la junta han logrado saber que no se venden las verdes; las manzanas verdes volverán. Con todo mi corazón, le doy gracias a Dios, como yo Lo concibo, por que no me pusieran en libertad hasta que no estaba listo para enfrentarme con mis problemas como un individuo que estaba madurándose emocionalmente.

No experimenté ningún escalofrío pueril al salir de la cárcel, sino sólo un sentimiento de responsabilidad. Yo sabía que era el mismo hombre que, unos pocos minutos antes, estaba al otro lado del muro. Nada había cambiado que no fuese el ambiente. Tenía los instrumentos para establecerme en el mundo. Por primera vez en mi vida, no sentía ninguna vaga inquietud, ningún temor a la vida. Me gustaba la gente. No tenía ningún deseo de desquitarme de lo que se me había hecho en el pasado; simplemente un sincero deseo de vivir en gratitud por lo que se había hecho para mí.

Es una maravilla encontrarme liberado de la prisión de los patrones emocionales inmaduros. Toda mi vida había sido deformada por una total y completa falta de madurez. Ahora puedo andar entre hombres que entienden mis defectos.

Mañana —y todos los mañanas que están por venir— no son más que la prolongación de *ahora mismo, aquí mismo.* Este es el camino hacia afuera para los de adentro; y lo que les hace posible a los de afuera entrar en el programa. Esta es la verdadera libertad para el desarrollo emocional que conduce a la madurez.

Anon., Santa Barbara, California

Todos los martes y cada cuatro sábados

La gran mayoría de las veces, al empezar a hablar acerca de mi vida, empiezo al principio. Si lo hiciera así, ahora, el Grapevine tendría que editar un número especial. Así que, para resumirlo todo, voy a decir simplemente que yo era impotente, inmanejable, una pobre y perdida vagabunda. Tres veces había intentado suicidarme, la última vez cuatro semanas antes de ser encarcelada. Yo era la persona más sola del mundo.

A la edad de 20 años me enviaron a la Institución Correccional de Taycheedah, sentenciada a cinco años. Sabía que tenía un problema con la bebida; pero, ¿una alcohólica? Nunca. Me uní al programa aquí en I.C.T. porque el personal me dijo que tenía que hacerlo. Me integré en A.A. para causarle una buena impresión a la junta de libertad condicional.

Asistía a las reuniones de A.A. en prisión por un año y medio antes de admitir a mí misma que era realmente alcohólica. Creo que todavía me estaría engañando, si no fuera por un orador de afuera que compartía su experiencia. Hablaba acerca de sí mismo, pero en cada palabra me podía reconocer a mí misma. Entonces, llegué a creer, admitir y aceptar que yo también era alcohólica. El único problema era que sólo trabajaba el programa los martes y cada cuarto sábado del mes.

Poco tiempo después, me trasladaron a un centro de prepuesta en libertad para mujeres. La prueba mayor para la libertad, la encontraría en este lugar. Había logrado pasar 23 meses sobria en prisión. ¿Podría hacerlo seis meses más?

Dos días después de mi segundo aniversario, me tomé un trago, allí mismo en el centro. Todavía estaba asistiendo a las reuniones de A.A. fuera del centro, mintiendo a mi madrina, mis miembros compañeros y a mí misma, diciendo que aún estaba sobria. Me decía a mí misma que iba a quitarle la razón al mundo, mostrando a todos que todavía podía beber socialmente.

Pero era yo la equivocada. Pasados dos meses, me encontré sentada en la cárcel municipal, esperando volver a la prisión.

Ni siquiera me habían puesto en libertad todavía, y ya me encontraba de regreso a la prisión. Eso fue mi fondo.

Desde que volví, se me han abierto los ojos y reconozco mi verdadera enfermedad. Por naturaleza, no me es posible beber para socializar.

Me he reintegrado a mi programa de A.A. aquí en la prisión. Y esta vez vivo y practico mi programa cada día. Doy gracias a Dios y a mi madrina por haberme ayudado. Sin ellos, todavía estaría borracha, o estaría muerta.

Ahora tengo 22 años, estoy todavía encarcelada, y lo estaré un año más. Con la gracia de Dios a mi lado, puedo hacerlo — un día a la vez.

A.C., Taycheedah, Wisc.

Preso A.A.

Nadie que no haya cumplido una condena en la prisión puede apreciar o entender los problemas con los que los reclusos se enfrentan. Hacer una visita acompañada a una prisión, hablar e incluso intercambiar cartas con los reclusos, no te puede dar la perspectiva y la sensibilidad necesarias para serles de mucha ayuda. Siempre se encuentra una barrera: el uno tiene la libertad, el otro no. Aunque se puede iniciar una amistad, es una amistad entre extraños, y hace falta algo más para vincular a estos extremos. Aquí A.A. puede llenar el vacío.

El programa de A.A. no reconoce los muros. Está libre de las condiciones que arruinan las relaciones personales, la diferencia de nivel social, de intelecto, de experiencia. De todo eso A.A. no hace caso. Tiene una ley primordial: ayudar a tu prójimo y no por instrucción sino por el ejemplo que le das. Es una organización curiosa, por el hecho de querer tener como miembros sólo a los fracasados. No hace publicidad de sus virtudes, ni busca candidatos. El que necesite ayuda, tiene que quererla antes de que A.A. le pueda ser de cualquier ayuda. Cuando se pide, este grupo de gente anónima, que han luchado contra las tentaciones del alcohol para lograr la respetabilidad y adquirir la compasión para con los demás que luchan la misma batalla, está listo para ayudarles. Indican el camino que han seguido para el reestablecimiento del carácter y dicen al principiante que le toca a él decidir si quiere seguirlo también. Si así lo quiere, será necesario tener sinceridad personal, dedicarse a ayudar a otros sin pesar las posibles ventajas egoístas, y creer en un poder superior a él mismo. Le dicen que hay otros al lado suyo, dispuestos a ayudarle; pero ellos no pueden hacer que él dé el primer paso, es él quien tiene que darlo.

La fuerza más grande de A.A. no está en el programa mismo, sino en el ejemplo de aquellos que lo han practicado. Son individuos renacidos, ciudadanos de la más alta categoría porque su primer precepto es ayudar donde se necesite la ayuda. El egoísmo y sus acompañantes, la amargura y la intolerancia, difícilmente pueden alojarse donde arde este principio con su llama sanadora.

A.A. se necesita especialmente en la prisión, porque los presos son demasiado propensos a encerrarse en sí mismos y fabricar un agrio extracto de odio y disgusto para con toda la humanidad. No le es necesario al recluso tratar de ser responsable; no tiene que tratar de reconstruirse. La prisión es su madre; le alimenta, le viste, le protege. Puede convertirse en niño y dejar que la decadencia moral y espiritual destruya lo que puede haber de bueno dentro de él. Y cuando sea puesto en libertad, no tendrá nada adentro sino la corrupción. Y se enojará y estallará, y lo peor de su enfermedad le hará volver a la prisión donde se desmoronará y morirá.

O puede optar por A.A. Puede hacer un esfuerzo para recuperarse por medio de una organización que le encarga de la responsabilidad de su propio éxito. Puede fracasar y, no obstante, ser bienvenido; puede llegar con prejuicios, y con ventaja personal como motivo para asistir y no ser rechazado.

Sin embargo, llegará a darse cuenta de que, mientras que abrigue tal actitud, seguirá fracasando. Tal vez acepte los principios de humilde abnegación que son la clave del triunfo. O tal vez vuelva malhumorado a su celda tan ciego y tan condenado a la criminalidad como antes. Pero si viene, descubrirá un nuevo mundo que se abre ante sus ojos. Descubrirá que no se le ha olvidado por estar entre rejas, sino que hay gente afuera que desea ayudarle, si él da el primer paso adelante. A.A. es el puente que conduce a esta ayuda de afuera, más fuerte que la ayuda de una sola persona.

Un preso, por medio de A.A., se dará cuenta de que una vida digna de vivir dentro de la prisión significa una vida venturosa afuera, y que nunca tendrá que temer volver a la prisión. Por un camino se encuentra el fracaso seguro, por el otro una nueva oportunidad de sacar algo de valor de los años desperdiciados. Nadie que no sea tonto rehusaría probarlo.

H.T.B., en "El Pionero"
Penitenciaría del Estado de Washington

Promesa luminosa

Hace tres años un pronóstico oficial para mi rehabilitación habría sido "desahuciado." Un alcohólico a quien no le duraban los trabajos, divorciado, distanciado de mis padres, iba entrando y saliendo por las puertas de la prisión como el guardia — la única diferencia era que yo me quedaba más tiempo dentro de los muros. Después de mi cuarta condena, me encontraba desesperadamente confundido, y no podía prever nada en el futuro sino un ciclo interminable de años encarcelado.

Hoy he recobrado mi confianza, mi integridad, mi madurez. El futuro, por primera vez en 23 años, me ofrece una promesa luminosa. Después del tratamiento de electrochoque, las "curaciones" por aversión, el sicoanálisis, y los delirium tremens, todo lo que no logró enderezar mi forma de pensar, A.A. llegó a mi prisión, y yo ansiosamente llegué a A.A. Es una maravilla. Después de 45 años de tratar de huir de la vida, acabo de empezar a vivir.

En A.A. he encontrado la amistad, la comprensión y he tenido orientación en el camino que conduce a la sobriedad.

Me he encontrado a mí mismo; he redescubierto a mi Dios.

Los Doce Pasos han llegado a ser no sólo un medio por el que puedo controlar una adicción de 24 años al alcohol, sino también una filosofía de la vida que me hace más soportable la rutina de la prisión y que me conduce a nuevas aventuras de vivir. La Oración de la Serenidad es mi baluarte contra las frustraciones de la vida carcelaria; y es un remedio seguro contra las borracheras secas.

La serenidad para aceptar las cosas que no puedo cambiar . . . ¡Qué necesidad tenemos de la serenidad en la prisión! Cada minuto, cada hora en el torbellino caótico de argumentos y arranques de ira candente que se imponen en una celda para ocho personas; por la rutina monótona que va royendo los bordes de la mente hasta que el hombre fuerte estalla en violencia y los más débiles se convierten en enfermos mentales.

El valor para cambiar las cosas que puedo . . . significa que puedo cambiar mi vieja perspectiva pesimista y que mi forma de pensar puede llegar a ser constructiva y positiva. Puedo moldear mi vieja personalidad transformándola en una que reconozca y se enfrente con las realidades y las responsabilidades de la vida, en lugar de buscar su refugio en la botella. Hasta algún grado, incluso puedo cambiar el ambiente de forma que mi pequeña parte de la celda se convierta en una clase privada para el estudio, o en un sitio para la meditación tranquila cuando es necesaria la oración—como a menudo lo es.

Otro de mis baluartes contra la manera confusa de pensar que me conducía a la prisión es el Paso Diez: "Continuamos haciendo nuestro inventario personal." Cada noche repaso los acontecimientos del día. ¿A quién he ofendido? ¿A quién he ayudado? ¿Hice el mejor trabajo que pude? ¿Qué puedo hacer mañana que contribuya a que sea más tolerante, más amable?

Creo que la cosa más difícil que un hombre puede hacer es mirarse interiormente y ver su verdadero ser. No obstante, la amarga experiencia me ha enseñado que si quiero desarrollarme y lograr la estabilidad emocional y la madurez de mi mayoría de edad, es *preciso* que considere mis múltiples defectos con una mente abierta y comprensiva, verlos tales como son, y dar los pasos necesarios para corregirlos.

Y, ya que A.A. es un programa espiritual, he llegado a tener un nuevo concepto de Dios.

La mayoría de los presos se burlan de la religión. Pero A.A. no es una religión; no tiene dogma, ni credo, ni doctrina. Te ofrece algunas sugerencias sencillas que pueden conducirte a una nueva manera de vivir. Hace que uno recupere la fe. No es una fe en credos formulados por el hombre ni en principios metafísicos secretos, sino una simple fe en Dios y en la convicción de que, como individuos, somos importantes y tenemos un valor y un lugar en este mundo.

La fe resolvió mi conflicto interior. En el pasado luchaba conmigo mismo; ahora tengo tranquilidad de espíritu. Acepto mis problemas como necesarios para mi desarrollo y me es grato tratar de solucionarlos. Inicio amistades y no las pierdo. Me doy cuenta de que, antes de criticar a nadie, más vale examinar mis propios defectos. Por medio de A.A. he logrado una paz mental y una serenidad espiritual que no cambiaría por nada — ni siquiera la libertad. Porque soy libre ahora; los muros de la prisión no pueden poner límite a mis pensamientos ni minar mi confianza en que, al cumplir mi condena, me espera una vida productiva y de utilidad.

He llegado a darme cuenta de que nadie está solo, nadie que tenga fe y confianza en un poder superior a él mismo, nadie que ya no abrigue dudas, sino que *crea.*

Anon, Penitenciaría Federal
Atlanta, Georgia

Una razón para vivir

Soy miembro del grupo Visión aquí en la institución de Collins Bay. No quiero entrar en detalles respecto a por qué estoy cumpliendo una condena de cuatro años por homicidio involuntario; pero me gustaría contarles algunas de las experiencias que me han ocurrido desde que logré mi sobriedad por medio de la Comunidad de Alcohólicos Anónimos.

Cuando me desperté en la cárcel, me di inmediata cuenta de que tenía un problema con la bebida. Supongo que se podría decir que había tocado mi fondo. Me uní a A.A. mientras estaba esperando a comparecer ante la justicia, y además tenía la oportunidad de ingresar en un centro de tratamiento para el alcoholismo. Mientras estaba todavía afuera asistiendo a las reuniones de A.A. me las arreglaba, por alguna razón, para mantenerme sobrio; ahora, mirando hacia atrás, me doy cuenta de que no se debía a mis propios esfuerzos, sino a la intervención de algún tipo de poder superior. Había probado otros medios para mantenerme sobrio antes, pero todos resultaron inútiles.

Ahora que estoy en A.A., empiezo a ver las cosas de una forma distinta a la de mis días de bebedor. Ahora tengo una razón para vivir. La vida carcelaria no es la más fácil de vivir, pero creo que cada uno de nosotros tiene un propósito y que mi Poder Superior hacía que yo llegara donde estoy. Sé que, dondequiera que yo esté, siempre habrá A.A., y con esto, puedo sobrevivir en cualquier lugar.

Cuando llegué aquí, empecé sin demora a participar en el programa. Por extraño que te parezca, al cruzar el umbral de la sala de reunión aquí por primera vez, me sentí como si hubiera regresado a mi casa. Seguía asistiendo a las reuniones, y el grupo me eligió como secretario. He oído decir a la gente que los grupos de A.A. en prisión son los más fuertes que hay en el mundo. No estoy sugiriendo que los A.A. debieran esforzarse para ser encarcelados. Pero si asistieran a algunas reuniones allí dentro y pudieran ver la camaradería que los presos tienen que ofrecer, estoy seguro de que estarían de acuerdo.

Sirvo también como secretario/editor de nuestro boletín de A.A., lo cual me depara la oportunidad de escribir cartas a muchos miembros fuera de la institución. Me considero afortunado por poder dedicar la mayor parte de mi tiempo a ayudar a otros a resolver el problema que tenemos en común. De vez en cuando, me pregunto si esta enfermedad no es una bendición, en lugar de un problema. Todavía paso por mis días malos, pero ahora yo sé qué hay que hacer al respecto. Celebrar mi primer aniversario fue la experiencia más gratificadora que haya tenido desde que me hice miembro.

El año pasado, iniciamos una Séptima Tradición (automantenimiento de grupo) para los miembros dentro de la prisión, y esperamos dar medallones a unos cuantos miembros más en un próximo futuro. Quisiera decirles gracias a toda la gente maravillosa que me extendía la mano cuando más lo necesitaba y que me ofrecía un café. Sé que sin ellos estaría perdido y no tendría nada.

R.D. Kingston, Ont.

Balance de cuentas

La primera vez que experimenté la libertad fue cuando estaba encarcelado en la penitenciaría estatal. Se me había guiado por los primeros siete Pasos y había empezado a despertarme espiritualmente. Confiaba en el proceso de A.A. y comenzaba a confiar en Dios.

Sin embargo, mis padrinos y yo nos veíamos enfrentados con un problema de ubicación. Por dispuestos que estuviéramos a hacer reparaciones directas, el estado no nos permitiría que saliéramos para hacerlo. Uno de mis padrinos cometió un asesinato y si él se hubiera puesto en contacto con la familia de la víctima, habría causado mucho daño innecesario.

Al discutir sobre estos asuntos, se puso en evidencia que la clave del Octavo Paso es la disposición y buena voluntad; si aquel Dios fuera realmente amoroso y compasivo, como parecía ser, no se nos mantendría cautivos simplemente por no poder alcanzar a aquellos a quienes debíamos restitución. Parecía que la libertad vendría, cuando yo estuviera enteramente dispuesto para hacer enmiendas donde fuera posible hacerlas.

Mi padrino me propuso un ejercicio. Yo haría una lista de todos a quienes había perjudicado. La lista empezaría con los nombres que aparecían inscritos en mi inventario. Se me sugirió que había otros muchos a quienes había herido cuyos nombres también debían inscribirse en la lista, a pesar de que no tuviera miedo o resentimientos en conexión con ellos. Tendría que esforzarme por describir con toda posible claridad el daño que les había causado. *Pero* —mi padrino me hizo notar— aun si sabía lo que había hecho a cada persona, era tan insensible que, probablemente, no sabía las consecuencias de mis acciones. Me dio la llave que abría la puerta de la libertad: tendría que cerrar los ojos e imaginarme a cada persona allí frente a mí, mirarle a los ojos y preguntarme si podría sentirme realmente dispuesto a decirles: "Me equivoqué y te causé algún daño. Te ruego me digas qué tenemos que hacer para balancear las cuentas." Esa noche, sentado en la celda, repasando mi lista, tuve la experiencia que había ibo buscando toda mi vida: me sentía elevado y liberado.

En mi ceguera, siempre había creído que un despertar espiritual era el final del camino. Ahora que lo había tenido, me daba cuenta de que no era sino el comienzo. Por fin, a la edad de 34 años, podía realmente empezar a vivir.

Don P., Aurora, Colo.

Puede ocurrirte a ti

¿Te puedes acordar de las veces en que, al despertarte, no podías levantarte de la cama a no ser que supieras dónde tenías escondida una botella en la casa? El día en que cogí la borrachera que acabó conduciéndome a la prisión para cumplir una condena de 15 años, no fue en nada diferente a otros centenares más.

Cuando amanecí esa mañana, me parecía un día como todos los demás. No tenía la menor idea de que algo me sucedería que, con mi manera deformada de pensar, haría que me enloqueciera, que haría que me olvidara de mí mismo hasta tal punto que quisiera causarles daño a otras personas.

Al llegar a la prisión, me veía integrándome a una forma de vida que parecía significar el fin de todo para mí. La familia, los amigos y conocidos, todos me habían abandonado; no querían tener nada que ver conmigo. ¿Por qué? ¿A quién echar la culpa? ¿Cómo me habría dejado enredar en ese lío en que me encontraba metido? Enfermo de mente, de cuerpo, de alma y, para colmo, lentamente estaba perdiendo la vista.

¿Dónde estaba el fiel compañero? Don Alcohol, el amigo que te había sostenido desde hacía ya tantos años ... ¿Cómo te podría haber abandonado en tal hora desesperada?

Entonces viene el guardián y te dice que es hora de ir a ver al jefe. Enfermo, temblando, te presentas ante alguien para facilitarle información sobre ti mismo. A las preguntas que te hace, no puedes contestar, o no quieres ni tratar de contestarlas. Te sacuden con insistentes preguntas para descubrir los detalles del crimen, el cual puede que no estés seguro de haber cometido.

¿Qué puedo hacer? ¿Qué voy a hacer?

Estas preguntas pueden parecerles sencillas — a los que nunca se vuelven esclavos del alcohol. Hazle al alcohólico las mismas preguntas y verás la respuesta que te da. No puede ni intentar contestarlas. No obstante, el interrogador esperaba una respuesta. No le interesaba por qué yo estaba allí ni el crimen que había cometido. Le incumbía recoger la información que se necesitaba para cubrir el papeleo e iniciar así mi expediente penal.

Para mí eso era el fin.

¿Qué podría hacer yo a mi favor? Era preciso responder a esa pregunta y enseguida. En mi temprana niñez, mis padres me enviaban a la iglesia varias veces cada semana; pero, mientras iba vagabundeando por todo el país, perdí las costumbres que ellos, con tanto ahínco, habían tratado de inculcar en mí. Y sabía que la opinión que ahora tenía de la cristiandad nunca me rescataría del enredo en el que me encontraba. Encarcelado, esperando las cadenas con que me arrastrarían aquí, conocí a un tipo que una vez fue miembro de algo que se llamaba A.A. Al hablar con él, podía ver que, en muchos aspectos, nuestras vidas habían corrido paralelas, la una con la otra. Me aconsejó que investigara el grupo de A.A. de la prisión.

Gracias a Dios por haberlo investigado.

Pedí y me concedieron permiso para asistir a las reuniones del Grupo Pionero. Me quedé maravillado con los ex bebedores que allá hablaban de una nueva manera de vivir. ¿Podría yo, Bernardo, admitir que no podía controlar mi forma de beber? Ni soñando. ¿Quién podría haber ideado tal programa tan lleno de tonterías? Yo podía manejar mi vida sin unirme a una pandilla de locos.

Pero parece que me había contagiado, porque estaba allí la próxima vez que se reunió el grupo, intentando burlarme de todo lo que se decía. Nadie decía nada que para mí tuviera sentido, o así quería que lo fuera. No obstante, seguía esperando la siguiente reunión. Por fin, después de muchos meses, y muchas palabras, empezó a penetrar en mi dura cabeza que había algo aquí que yo había pasado por alto. No sabía qué era, pero iba a averiguarlo.

Empecé a hacer un inventario.

Llegué a darme cuenta de que era culpable de todo lo que significara vivir en contra de los Doce Pasos de A.A. y, además, que había renunciado a Dios como yo Lo concebía. ¿Qué hacer al respecto? Primero, conformarme con Dios como yo Lo concebía. Segundo, ponerme a practicar los Doce Pasos — y esto no significaba meramente decir que iría a paso lento hasta encontrar mi propio camino, sino ponerme en acción y trabajar cada uno de los Pasos como si me jugara la vida, como así lo era. Es sorprendente lo que podemos descubrir acerca del programa y de Dios como Lo concebimos, si solamente hacemos un esfuerzo para saber. No te cuesta ni la mitad del esfuerzo que te costaba emborracharte.

Me preguntas: "¿Es fácil practicar este programa en prisión?" No. No. No. En la mayoría de los pasos a nivel se ve una señal que dice: PARE — MIRE — ESCUCHE. Cámbialo para que diga: PARE — MIRE — y PIENSE.

¿Es fácil admitir que no podemos manejar nuestra vida? No. ¿Admitir que no estamos cuerdos? No. ¿Es fácil entregar nuestra voluntad y nuestra vida al cuidado de Dios como nosotros lo concebimos, después de haber pasado tantos años bebiendo? No. ¿Es fácil hacer sin miedo un minucioso inventario moral? No. ¿Es fácil admitir ante Dios y ante otro ser humano nuestros errores? Yo diría que no. ¿Estamos plenamente dispuestos a dejar que Dios nos libere de nuestros defectos? No. ¿Dispuestos a continuar haciendo un inventario personal y cuando nos equivocamos, admitirlo? ¿Quién soltaría tamañas tonterías? ¿Estamos dispuestos a intentar, a través de la meditación y la oración, acercarnos cada vez más a Dios? No. No tenemos suficiente tiempo para llevar este mensaje a otros alcohólicos. ¡Que se las arreglen solos!

¿Puede este programa llegar a ser fácil en la prisión? Sí. Si una persona es sincera; si realmente quiere hacer algo respecto al lío en que él había convertido su vida — la forma en que esto se hace en prisión no es muy diferente de como se hace afuera. Sí, puedo oírles decir a muchos de ustedes que en prisión no hay tantas tentaciones como las hay allí afuera. No tienen razón. Hay tantas, si no más, formas de sabotear el programa adentro como afuera.

Cuando practicas los Doce Pasos y los consideras, hay once de ellos, creo, que tratan la parte espiritual. ¿Tengo razón? ¿Qué significa la palabra *espiritual*? Según lo entiendo significa que he llegado a convencerme de que hay un poder superior a mí mismo; que para poder ir a pedir ayuda a este poder, tengo que olvidarme de intentar aprovecharme de las "presas frescas" — dejar de preocuparme por conseguir algunas píldoras y subirme a las nubes . . . de decir mentiras, de hacer todo lo posible para no hacerle a alguien un favor, de esperar beneficios materiales a cambio de todos los favores que haga. ¿Es esto practicar el programa? ¿Es esta la forma en que se hace afuera? La única respuesta que puedo dar es la de adentro, y digo que no. Si somos sinceros respecto a los Doce Pasos, podemos hacerlo. Si no lo somos, ¿por qué siquiera meternos en ello?

Buscamos una sola cosa en el programa de A.A. La sobriedad. ¿Verdad? Si buscamos otra cosa es, a mi parecer, una pérdida de tiempo. Porque no nos mantendremos sobrios jamás si solamente estamos buscando medios para ser puestos en libertad, para conseguir que se acorten nuestras sentencias. Olvídate de A.A.

Estoy seguro de que tú puedes hacer que A.A. funcione en prisión, pero tienes que practicar la tolerancia y llegar a estar dispuesto a dejar que el Poder Superior te ayude cada día, en todo. Aprender a ser sincero contigo mismo, con Dios y y con otros. Cada día debes tratar de enmendar tus múltiples defectos, pero no creas que vas a alcanzar la perfección. Procura asistir a todas las reuniones. Ya sé que, después de tres o cinco o diez años, nos cansamos de ver las mismas caras; pero, recuerda, aquellos de nuestro grupo que están todavía en libertad son los que practicaban la tolerancia.

¿Qué pasó con la ceguera que mencioné al comienzo? Sí, me quedé ciego. Pero, por medio del poder que reconocía como superior a mí mismo (sí, gracias a El), después de una operación recobré la vista de un ojo. Espero recobrar la del otro algún día. ¿Se habría convertido esto en realidad afuera? No sé. En verdad, lo dudo. Conociéndome a mí mismo y lo mucho que me gustaba el alcohol, aliviador de dolores, estoy convencido de que, mucho antes de todo esto, la historia hubiera tenido su desenlace en la muerte.

Barney B., Grupo Pionero
Penitenciaría Estatal de Washington

Al ser puesto en libertad, llama a A.A.

En abril de 1973, en una sala de tribunal en la que me había presentado asiduamente (más de doce veces), fui sentenciado a una condena de cinco años a cadena perpetua. Había estado encarcelado varias veces en el pasado, pero esta vez, créanme, era algo diferente. Verte enfrentado a una condena de tal duración te deja impresionado.

Las últimas palabras del juez fueron: "Voy a sentenciarle a cumplir una condena indefinida en una institución para enfermos mentales criminales. Y, a propósito, allí tienen un buen programa de A.A."

Tengo que admitir que olvidé sus palabras hasta una semana más tarde, cuando oí a uno de los reclusos pedir al guardián que le abriera la puerta del pabellón para que pudiera asistir a la reunión de A.A. En ese momento, todo empezó a conectarse. Vi frente a mí al que llevaba la túnica negra. Puedes llamarlo como quieras, pero yo lo llamo una experiencia espiritual.

Me gustó la primera reunión. Vi a alguna gente de afuera, y las mujeres no estaban mal. El café era bueno e incluso se rifaron cigarrillos y cigarros. ¿Qué más podría pedir que "salir por la noche" los viernes y los sábados?

Me dije que, ya que iba a pasar un rato allí, más valía hacer mi estancia lo más cómoda posible. Después de asistir a algunas reuniones, debía de haber empezado a prestar alguna atención, ya que quería algo de lo que tenía esa gente — la libertad, la tranquilidad, la propiedad, el dinero, el prestigio, las mujeres. Seguía asistiendo, me puse a leer el Libro Grande, y empezaba a meterme un poco en el programa. Empezaba a escuchar y a integrar algunos de los principios en mi vida encarcelada. Tuvo sus recompensas. Después de dos años, fui puesto en libertad condicional por un plazo de cinco años.

En cuanto me encontré en las calles, todo empezó a derrumbarse. Era ex preso; estaba lleno de temor, de regocijo, de aprensión, alegría, confusión. Me habían dicho repetidas veces que al salir puesto en libertad, pasase lo que pasase, debiera ponerme en contacto con A.A. Pero estaba tan ensimismado y absorto en todo lo que acontecía alrededor mío, que no tenía tiempo ni siquiera para pensar en A.A. Tenía cosas más importantes que hacer — renovar mi permiso de conducir, comprarme ropa nueva, sexo. Iba oscilando entre sentimientos de alegría por estar al fin en libertad y el temor a volver a enfrentarme con el mundo. Sentía como si me hubieran tatuado la palabra *ex preso* por todo mi cuerpo, y cada vez que veía a un policía, me entraba la paranoia.

Me encontraba en casa, sentado en el sofá, viendo la televisión, acosado por un vago impulso de salir de fiesta, bailar, divertirme. Entonces me tragaba algunos dulces o caramelos, porque recordaba que alguien me había dicho que con el azúcar me las arreglaría para no querer tomarme un trago. ¡Qué solo me sentía! Tal vez pudiera beberme una soda en uno de los bares que pasaba. Pero, ¿me preguntarán quién soy? O ¿ya lo sabrán? Así que no salía de casa. Allí me quedaba viendo la TV y después a la cama.

Pasados unos tres días de comportarme así, asistí a mi primera reunión de "afuera", lleno de temor, avergonzado, convencido de que no les gustaba. Me preguntaba qué pensarían de mí, un ex preso. ¿Debía decirles que soy principiante? ¿Visitante? De alguna forma, con toda la confusión que sentía, logré trasladarme en coche a una reunión. Lleno de inquietudes, entré en la sala.

"Bienvenido." Me dieron la bienvenida, y eso me hizo sentirme bien. Me serví un café y, cuando me tocó a mí hablar, dije: "Mi nombre es E. . . . . ., y soy un alcohólico agradecido." Puedo recordar que algunos de los miembros me decían que todo estaba bien y lo estaría, pasara lo que pasara — y me pidieron: "Por favor, vuelve a reunirte con nosotros."

Ahora que estoy afuera — ¿qué hacer? Asisto a las reuniones de A.A. en todas partes del condado y del estado. Me encanta. Participo en casi todos los aspectos de la Comunidad. Durante los casi cinco años desde que fui puesto en libertad, he encontrado en la Comunidad la gracia de Dios, y a centenares de queridos amigos.

El único cambio que yo habría hecho en estos últimos cinco años sería haberme puesto en contacto con A.A. con menos demora. Pero mi Poder Superior me guiaba por un terreno peligroso. Logré atravesarlo, y aprendí lo suficiente como para poner la lección por escrito para hacer saber a otra persona que todo estará bien.

Hoy puedo decir con toda sinceridad que estoy agradecido por el sistema carcelario y por la gente que allí trabaja. Sin ellos, no tendría A.A. y no habría podido compartir mis experiencias con ustedes.

E.M., *Santa Barbara, Calif.*

La bienvenida perfecta

Son pocos los alcohólicos en A.A. que tuvieron que pagar lo que yo pagué para hacerme miembro: el encarcelamiento. Como consecuencia de mi batalla con la botella, acabé en South Walpole, donde está ubicada la Institución Correccional de Massachusetts, mejor conocida por el nombre de Prisión Estatal.

Allí en esa institución tuve mi primer contacto con A.A. Estaré siempre agradecido al Grupo Norwood, que hace visitas todos los miércoles al Grupo Número Trece de South Walpole, y a los A.A. del área metropolitana de Boston que todas las semanas visitaban la prisión. Allí, todavía en prisión, llegué a darme cuenta de que no tenía que seguir bebiendo y que, por medio de los Doce Pasos sugeridos, mi vida podría ser rehabilitada.

Al ser puesto en libertad condicional, me enfrenté a la vida con una nueva y optimista perspectiva en lo que concernía al problema que tenía con la bebida. No obstante, casi al mismo tiempo, se me presentó otro problema — el de ser tildado de ex convicto. Al público en general, no se le ha instruido en el hecho de que un criminal es un enfermo moral. La gente simplemente no toma en consideración el largo camino de circunstancias —en mi caso el alcohol— que conduce a la prisión. Pero en los grupos de A.A. de este estado de New Hampshire, los miembros me aceptaban. Pedirme que hablara en las reuniones y que las presidiera enriquecía mi humildad.

Después de contar mi historia muchas veces en las reuniones de A.A., y de haberla contado con toda honestidad, ningún miembro de A.A. me ha manifestado ningún prejuicio. El caluroso apretón de manos con el que se cierran las reuniones me da el sentimiento de pertenecer. Esta es mi gente; estos son mis amigos (y verdaderos amigos). Nunca me echan en cara la palabra "ex convicto." No soy sino otro alcohólico, intentando vivir, con la gracia de Dios, el programa de A.A. en plazos de 24 horas.

Ni pensaría yo en hacerle el inventario a otra persona... pero en prisión veía a gente aprovecharse de A.A. Frente a la Junta de Libertad Condicional del estado, puede causar una buena impresión ser miembro de A.A. Pero A.A., como lo encontraba yo, tiene un único objetivo, un solo propósito — mantener a un alcohólico, como yo soy, sobrio. Cuando se trata de A.A., un preso no puede fanfarronear. Sólo se engaña a sí mismo. Si su objetivo primordial es ser puesto en libertad, entonces, con la misma certeza con que es alcohólico, volverá a emborracharse y a la prisión.

He tenido amigos en A.A. que me han echado una mano en tiempos difíciles. Pero hay que trazar una línea entre la caridad y el Paso Doce de A.A. Alcohólicos Anónimos, como tal, no es una organización benéfica. No es una agencia de préstamos pequeños, aunque se pueden atribuir un sinnúmero de acciones caritativas anónimas a los miembros individuales. Pero en este caso también el ex preso tiene que tener en cuenta que los A.A. no son bobos. Si intentas engañarles, ellos lo sabrán. Y, aun más importante, los A.A., casi inmediatamente pueden distinguir los sinceros de los que no lo son.

Para un ex preso es difícil encontrar un trabajo o seguir trabajando en cualquier empleo a no ser que sea plenamente sincero. Sin duda, su patrón tiene que saber de sus antecedentes. A medida que el público en general va enterándose mejor de la eficacia del programa de A.A., la gente comprensiva del mundo de los negocios llegará a estar cada vez más dispuesta a aceptar como empleados a los miembros de A.A., incluso a aquellos que tienen antecedentes penales. De hecho, hay motivo para esperar que, en muchos casos, los patrones pudieran preferir a los que se han recuperado en A.A. sobre los que rehúsan tomar medidas para resolver su problema con la bebida.

Para volver a mi propia historia: En las reuniones de A.A., me siento en casa. Me siento cómodo, porque sé que allí nadie va a señalarme. Aprendemos a vivir según nuestro lema: "Si no fuera por la gracia de Dios . . ."; y con toda humildad, doy gracias a Dios por los fieles amigos que El me ha dado a mí, un ex preso, en Alcohólicos Anónimos.

R.S., Laconia Group, N.H.

La libertad empezó en la prisión

El *Starlight Bowl* es un bello auditorio de conciertos al aire libre, que se encuentra al fondo de un cañón en las alturas que dominan la ciudad de Burbank, California. Esa noche de verano tenía para mí un significado especial. Mi hija Cindy, de diez años de edad, estaba conmigo, reposando su cabeza en mis rodillas, su cabello sedoso, como una cascada de oro. Estábamos escuchando los gratos acordes de "Los Cuentos de los Bosques de Viena," en un concierto de la Orquesta Sinfónica de Burbank.

No había sido siempre así.

Unos cuantos años antes de esa noche memorable, fui puesto en libertad de una prisión estatal, un perfecto desconocido para mi hija, y sintiéndome muy aprensivo respecto a cómo iba a comportarme en la sociedad libre. Antes nunca pude arreglármelas en libertad.

Seis años antes de ser puesto en libertad, me encontraba frente al bar de una taverna local, con una pistola en la mano. Era alcohólico activo y tenía una necesidad apremiante de dinero para poder alargar mi borrachera más reciente. Con demasiado orgullo como para mendigar, sin amigos o parientes a quienes recurrir, habiéndoles enajenado, y lleno del valor fabuloso que te concede una ración excesiva de vino tinto, estaba intentando un robo a mano armada. Afortunadamente para el dueño del bar (y, últimamente, para mí), me pescaron en medio de mi torpe intento. La policía me trató honradamente, e incluso bondadosamente. Los procedimientos judiciales se realizaron con rapidez y, dentro de un plazo de tres meses, me encontré con rumbo a la prisión estatal. Allí me quedaría tres años.

Ese período de tres años resultó ser el mejor y más productivo de los treinta años que había cumplido. Durante mi confinamiento, volvía a interesarme, como practicante, en mi religión, reaprendiendo los preceptos básicos de la vida honrada. Aprovechaba grandemente de la biblioteca, haciendo amplios estudios de la filosofía y del alcoholismo. Y, lo más importante de todo, llegué a ser un enérgico y comprometido participante en A.A.

Profundizándome en los Doce Pasos con la buena orientación de los A.A. del mundo libre que nos visitaban dos veces por semana, pronto me encontraba haciendo mi inventario del Cuarto Paso. Después de redactar esa confesión a mí mismo, hice arreglos con el personal de la prisión, y pedí permiso para poder dar mi Quinto Paso con un miembro de A.A. de afuera. Se pusieron a nuestra disposición una oficina privada y una

cafetera, y dedicamos unas tres horas a repasar en todos sus sórdidos detalles mi vida pasada. Fue la primera vez que esto se había hecho en aquella prisión, y dio resultados tan prometedores que, desde entonces, muchos reclusos han podido hacer sus Pasos Cuarto y Quinto en prisión.

Hacer mi inventario fue el punto decisivo de mi vida. Me sobrevino, casi inmediatamente, una liberación de remordimientos y sentimientos de culpabilidad. Literalmente, me veía liberado de mi pasado. Durante esa época, llegué a darme cuenta de lo que es la verdadera libertad. No tenía nada que ver con los muros y los guardias — tenía que ver con algo que se sentía adentro. La libertad es un estado de ánimo.

Hoy, con todo mi corazón, aprecio mi libertad física y emocional. En importancia, la considero segundo sólo a la sobriedad. ¡Qué buena formación me ha dado A.A.! Todo lo que soy y tengo, en realidad pertenece a A.A. Además de los beneficios tangibles, A.A. me ha dado un camino a seguir, una manera de vivir y de vivir amplia y alegremente.

Durante los cinco años y nueve meses que llevo sobrio, me he visto inundado de bendiciones — grandes regalos espirituales, aparte de las provisiones más comunes de bienes materiales y dinero. Estos regalos me llegan uno tras otro, a pesar de mis tonterías y torpeza, según voy a tientas acercándome a la luz de la razón y del amor. Estas buenas cosas van incrementando en proporción directa con mi disposición para ser más receptivo a la enseñanza y más humilde en mis asuntos diarios.

Y así es que un borracho crónico y habitual, descartado por la sociedad libre, que odiaba y rechazaba la misma sociedad que le había engendrado, puede llegar a deleitarse en lo que a mucha gente "libre" puede parecerle algo muy común: un simple concierto, una hermosa noche de verano resonante con bella música, y una niña preciosa que quiere y confía en su papá.

R.R., Universal City, Calif.

Algo que se llama esperanza

Soy un alcohólico encarcelado. Tengo solamente 31 años de edad, pero durante 19 de ellos he sido bebedor. Poco tiempo después de tomarme mi primer trago, empecé también a drogarme; no obstante, siempre prefería el alcohol. Incluso cuando me drogaba, el alcohol entraba en juego. Esta parte de mi historia no es nada diferente de otros centenares que ya habrás oído contar. Trabajaba en una serie de trabajos de corta duración, y me echaron de las peores posadas de mala muerte debido a cómo me comportaba bebiendo. Una vez, decidí no seguir pagando el alquiler de mi habitación amueblada para tener así más dinero (parte de mi cheque de asistencia social) para comprarme alcohol. Fue una locura; ya que lo hice en pleno invierno, y que no tenía familia ni amigos, me instalé en los bancos de las estaciones de los trenes subterráneos de Astor Place y de Broad Street en la ciudad de Nueva York. Si un policía me despertaba y me decía que me alejara, me iba, dirigiéndome a la otra estación.

Durante los últimos diez años de mi vida de bebedor, todos alrededor mío sabían que tenía un problema — los asistentes sociales, los jueces (he sido arrestado 72 veces), los encargados de libertad condicional. Me enviaban a diversos programas de tratamiento, los cuales se valían de A.A. como instrumento de auxilio del tratamiento. Pero, "yo no era alcohólico," y me sentía resentido por el simple hecho de que ellos pudieran considerar la posibilidad que lo fuera. Huelga decir que, por no practicar ese primer paso, nunca logré la sobriedad. Esto lo menciono para que se den cuenta de que me habían llevado a la fuente, pero yo no quise beber el agua.

Por lo general, cada vez que acababa en la cárcel, pasaba allí unos 90 días. Al verme puesto en libertad, me encaminaba sin rodeos a la tienda de licores — para mí la libertad siempre era de poca duración. No puedo recordar ni una ocasión en que, al ser puesto en libertad, creyera que no iba a volver a la prisión. Siempre era una cuestión de cuánto tiempo estaría esta vez en libertad.

Durante los últimos cinco años, había llegado a convencerme de que mi vida estaba bajo una maldición. Seis veces intenté suicidarme. (Aun en esto era un fracaso.)

Cuando llegué a esta prisión, empecé a asistir a las reuniones de A.A., para causarle una buena impresión a la junta de libertad condicional y lograr así que me acortaran la condena. No dio el resultado deseado. Cuando me presenté ante la junta, me dieron una "sacudida." Alargaron mi sentencia; el estado iba a hacer que pagara el máximo permitido en mi caso por la ley.

Luego algo curioso me sucedió. Aunque ahora no había la menor posibilidad de que A.A. pudiera lograr que se redujera mi sentencia, yo seguía asistiendo a las reuniones. En algún momento, de alguna forma, alguien había dicho algo en una de aquellas reuniones que me dio algo que nunca había tenido antes. Hoy puedo dar un nombre a ese algo: se llama *la esperanza*. Oía hablar a gente de afuera; gente que se había encontrado en condiciones peores que las mías, y otros que todavía no habían llegado a tal punto. Algunos incluso habían cumplido condenas en prisión, pero todos decían que hoy conocían la alegría. Y yo sabía que no estaban diciendo mentiras, porque se podía ver la alegría escrita en sus caras. Decidí que quería lo que tenían, y me puse a participar con mayor dedicación. Empecé a leer el Libro Grande, el Doce y Doce, *Como Lo Ve Bill*, y *Alcohólicos Anónimos Llega a su Mayoría de Edad*. Y hoy, cada mes, espero ansiosamente recibir la edición más reciente del Grapevine; me las he arreglado para obtener unos doscientos números atrasados que han llegado a ser mi lectura predilecta. Muy a menudo, al leer los artículos se me saltan las lágrimas, porque dentro de mí puedo sentir una nueva esperanza. Hoy tengo aquí en la prisión un cargo de responsabilidad como consejero de mis compañeros reclusos en el centro de pre-puesta en libertad. Tengo un padrino de afuera que me viene a visitar cada semana y me está ayudando a trabajar los Doce Pasos. Aplicando estos Pasos a mi vida, he llegado a ser un hombre honesto. Ahora, la demás gente no vacila en confiar en mí o en depender de mí. Incluso me han elegido como coordinador de nuestra pequeña reunión aquí.

En el momento en que escribo estas líneas, me quedan 76 días para cumplir mi condena. Hoy no se me ocurriría pensar en cuánto tiempo pasará antes de regresar. Nunca antes habría salido sin ese pensamiento.

Si el programa me puede dar un sentimiento de esperanza, un auténtico sentimiento de serenidad, incluso en un lugar como éste, entonces quiero más de lo mismo cuando esté en libertad. Ya he decidido cuál será la primera reunión a la que asistiré; se celebra a poca distancia de la prisión. Me doy cuenta de que ahora tengo que hacer lo que otros muchos han hecho tan generosamente: regalar a otros lo que tan liberalmente se me ha dado a mí.

Quisiera expresar mi sincera gratitud a todos los A.A. maravillosos que se tomaban la molestia de venir a esta prisión, donde viven aquellos que los tribunales han declarado incapaces de ser parte de la sociedad, para que pudiéramos recibir el mensaje que tenían que compartir con nosotros.

W.H., Bedford Hills, N.Y.

Encontré la libertad en la prisión

De lo que tenía más necesidad mi mundo irreal era de un espejo detrás del bar en que se vieran reflejadas las verdaderas imágenes de las Alicias (y los Alejandros) en el País de las Tonterías.

Hace muchos años, me encontraba sentado en un bar, bebiendo un buen whisky, fijando la mirada en un Hombre-que-nunca-fue, que aparecía frente a mí en el espejo rodeado de botellas. Era un grave caso de admiración recíproca en flor porque, como Narciso, estaba enamorado de mi propia imagen. Me veía como un abogado superbrillante, un pirata por encima de la ley, el gran personaje destinado a tener una celebridad mundial.

La laguna mental ...

Me encontraba sentado en una posada de mala muerte, mi sueldo de lavaplatos una prueba patente de una nueva opulencia después de años de vagabundeo alcohólico. Me senté, me asomé a la ventana y vi a tres borrachos abajo acurrucados, resguardándose de la lluvia y contando sus centavos. Yo tenía puestas en la mesa cuatro botellas de moscatel y no podía sentir nada sino desprecio por aquellos desamparados que temblaban bajo la lluvia. Todavía era superior... pero ya no era abogado. Ya hacía tiempo que el rico sabor del whisky se reemplazó por el de la uva sintética.

¿Gran personaje? Un sabelotodo en el País de las Tonterías.

Pasados algunos días entré en una farmacia armado de una pistola de juguete y dije al diminuto farmacéutico que iba a apoderarme del negocio. En un abrir y cerrar de ojos, él me tenía agarrado en el suelo. Adiós al pez gordo que tendría una fama mundial.

Me enviaron por reincidente a la prisión, sentenciado a cumplir una condena indeterminada conforme con el Departamento de Correccionales de California. Se desvaneció la mitología griega. Narciso murió; sólo Eco sobrevivió.

No hay infierno peor que el de darte cuenta de que has llegado al final de tus recursos. No tenía amigos; no tenía dinero. Algún día tendría que presentarme ante una junta de libertad condicional con un expediente que llevara marcadas con un sello las palabras "Alcohólico Nómada." Tal distinción no te da influencia ni contribuye a que consigas la libertad. Tenía 53 años, me habían expulsado del colegio de abogados y no tenía con qué reconstruir una nueva vida. El presente era negro, sin esperanza alguna.

Una noche tenebrosa, silenciosa — cuando Eco iba silbando como un frío viento alrededor del difunto Narciso — recurrí a Dios como yo Lo concebía. No le pedí la libertad, prometiéndole en cambio grandes hazañas. Esa cantaleta le habría sido aburrida. Le dije simplemente: "Dios, Te ruego, devuélveme la vida." Más tarde, empecé a pedirle que me convirtiera en escritor. No había sido nunca novelista, pero no me quedaba nada sino Dios y el escribir.

Empecé a participar en Alcohólicos Anónimos en prisión. Es uno de los programas terapéuticos utilizados por la División de Cuidados y Tratamientos del Departamento de Correccionales de California. Al principio, me parecía una pérdida de tiempo — no podría haberme conseguido un trago si lo hubiera querido.

Pasó un año. Empecé a ver que el beber en exceso era un síntoma de una enfermedad de la personalidad — una obsesión de la mente, una alergia del cuerpo. Descubrí que incluso en la prisión podía padecer borracheras emocionales. De hecho, no podía evitar hacerlo. Y al darme cuenta de esto, el miedo realmente se apoderó de mí. Yo era impotente ante mi patrón emocional — y este fue el patrón que, en el mundo de afuera, me empujaba hacia los bares. Mis reacciones ante las frustraciones me inundaban de resentimientos y yo llevaba una vida amarga y sórdida en mi celda. Poco a poco, llegué a darme cuenta de que este patrón, que adentro podía ver con toda claridad, no era en nada diferente de lo que había sido en el mundo libre. Me vi condenado a morir alcohólico, ya fuese dentro o fuera de la prisión. Entonces, en algún momento, pasé del interior de la prisión al interior de mí mismo. Lo que yo era dentro de mí se reflejaba en mis acciones externas. Me di cuenta en ese momento que todos los alcohólicos del mundo, dondequiera que estén, están presos . . .

El problema era demasiado grande para que yo pudiera hacerle frente a solas. Así llegué a admitir que era alcohólico y a creer que un poder superior a mí mismo, si lo buscaba, podía devolverme y me devolvería el sano juicio.

Iba buscando ese poder por todos los medios que tuviera a mi disposición: Alcohólicos Anónimos, la iglesia, el asesoramiento de grupo e individual. Algo de esa buena infusión tenía que tener su efusión. Servía como secretario de nuestro grupo de A.A. en la prisión, como miembro del comité directivo y como orador. No me preguntes por qué este programa da resultado; pero yo sé que, poco a poco, lo amargo y lo sórdido de mi vida desaparecieron.

El poder empezaba a reponer las gastadas energías de este tipo cuyo egocentrismo casi le había costado su alma.

Funciona así. Empiezas a ver tus propios defectos en los defectos de los demás y llegas a ser menos criticón de tu prójimo. Nace la compenetración. El confinamiento exasperador no le causa aflicción al que vive el programa. Dios te concede la serenidad para aceptar las cosas que no puedes cambiar, el valor para cambiar lo que puedes, y la experiencia te inculca la sabiduría para reconocer la diferencia. La vida en prisión se convertía en una gran aventura, animada, llena de promesas, repleta de progresos diarios hacia la perfección. *Encontré la libertad en la prisión.*

Mientras tanto, escribía novelas. Se rompieron los aros de acero que hacían que el escribir fuese una mera fantasía. Creo que la compenetración las disolvió. Porque podía ver los problemas de mis prójimos, adoptar sus puntos de vista. Mis personajes cobraban vida. En un plazo de unos escasos catorce meses, he vendido diecinueve cuentos, he pagado en prisión impuestos sobre la renta, y tengo en curso una novela y otros doce cuentos. Todo esto aparte de trabajar como oficinista ocho horas al día. Y aun más importante, voy revisando la historia de mi vida, de forma que los "ustedes" y los "ellos" desempeñen un papel tan significativo como el de los "yos". Es una historia bien equilibrada.

Doy gracias a Dios, por A.A. y por los sueños que se han hecho realidad.

T.W., San Luis Obispo, Calif.

Con la ayuda de A.A. mi vida cambió de rumbo

Soy sin duda alguna alcohólico. Me pasé quince años bebiendo antes de lograr la sobriedad. Empecé a la edad de catorce años y, desde el mismo principio, cada vez que bebía lo hacía para emborracharme, y cada vez que me emborrachaba, me metía en problemas con la policía.

He dedicado mucho tiempo al asunto de mantenerme sobrio aquí en prisión. Los últimos seis años he logrado hacerlo, todo el tiempo encarcelado. No me ha sido fácil. De hecho, hubo ocasiones en las que por poco me emborraché. Hoy me doy cuenta de que, si en cualquiera de esas ocasiones me hubiera echado un trago, mi vida carcelaria habría seguido sin duda otro rumbo, el cual me habría exigido más deudas de las que yo hubiera podido pagar.

Mi última borrachera me puso de rodillas, rendido al hecho de ser impotente ante el alcohol y admitiendo que sufría de una enfermedad que se llamaba alcoholismo. Aunque logré una sobriedad física, emocional y mentalmente todavía estaba borracho, y esto seguía influyendo en cómo pensaba y vivía. En el pasado, estos sentimientos me habrían forzado a buscar el escape en la seguridad de la botella. Pero en prisión, buscaba el consuelo de A.A., de acuerdo a la sugerencia apremiante de mi esposa y mi padrino en A.A.

Al principio, no podía entender por qué se necesitaba A.A. en prisión, donde no había mucha oportunidad de conseguir alcohol y donde me preocupaba únicamente por mi familia, por aquellos que yo había perjudicado y por los procedimientos jurídicos con los cuales me veía enfrentado. Ya sabía que el ser alcohólico fue el factor que contribuía más a mi arresto, pero no me podía explicar la necesidad constante de asistir a las reuniones de A.A. No obstante, seguía asistiendo — físicamente. Sabía que tenía que estar allí, porque era alcohólico. Buscaba una forma de deshacerme de todos los temores que llevaba, y de poder vivir mi vida normal como lo hacían los sobrios alrededor mío.

Después de muchas reuniones y de haber leído mucho acerca de Alcohólicos Anónimos, llegué a enterarme de que el programa de A.A. supone mucho más que abstenerse del alcohol. Es una manera completamente nueva de vivir para el alcohólico que está dispuesto a lograr la sobriedad. Supe que A.A. no te da sermones, sino sugerencias y, además, que Alcohólicos Anónimos (dentro o fuera de la prisión) es para aquellos que sinceramente quieren lograr la sobriedad; y que tiene un solo objetivo primordial: la sobriedad.

A medida que mi cuerpo se iba liberando del alcohol, la sobriedad empezaba a entrar en mi forma de pensar. La posibilidad de beber seguía presentándose en las ocasiones en que aquellos con quienes me asociaba, lo hacían. Cada vez que esto ocurría, tenía que tomar una decisión, y a nadie más que a mí le tocaba hacerlo. Les decía francamente a quienes me rodeaban que yo era alcohólico, y si me tenían respeto, no esperaban que yo lo hiciera.

Al principio, oía decir cosas tales como: "No puede ser que tomes en serio todo aquello que se dice en A.A.," o "Un par de tragos no te hará daño." Tales comentarios me hacían pensar inmediatamente en mi último arresto, cuando me encontraba a cuatro patas en el suelo, pagando las consecuencias del alcohol en mi vida y en las vidas de mis seres queridos. Esta perspectiva de la realidad me infundía el valor suficiente como para seguir diciendo que no y, con el paso del tiempo, todos aquellos alrededor mío llegaban a respetar mi deseo de no tomarme un trago. Muchas veces, me era difícil todavía decir que no, especialmente cuando me sentía deprimido, enojado o resentido. En esas ocasiones, tenía en cuenta también un refrán que mi padrino me citaba repetidas veces: "Simple, no fácil."

La duración de mi sobriedad carcelaria iba aumentando, de días a meses y de meses a años. Con este nuevo desarrollo personal, y con la ayuda de A.A., los intereses y la dirección de mi vida cambiaron de rumbo, el cual era constructivo y lleno de significación y daba un sentido a mi vida. Encontraba dentro de mí talentos que nunca sabía que tenía, y me encontraba ayudando a otra gente — algo que nunca había hecho en el pasado. Con cada día de sobriedad, mi interés en A.A. se iba ampliando y profundizando, y de allí surgía un deseo de participar, anteponiendo a todo mi sobriedad. Sé que, sin la sobriedad, no habría logrado enfrentarme con la realidad de los últimos cinco años y medio, ni realizado lo que realicé en cuanto al desarrollo personal. Y, lo más importante, no lo habría podido hacer solo, sin la ayuda de A.A. y de todos los relacionados con el programa.

Hoy estoy sobrio; pero me doy cuenta de que estoy a un solo trago de una borrachera. Hoy puedo enfrentarme con los problemas que se me presentan y, aunque a veces pueden ser muy difíciles, yo sé que tengo la suficiente fortaleza como para aceptarlos y tratar de resolverlos. Mi peor día sobrio es un millón de veces más gratificador que el mejor de mis días de borracho.

Según lo veo, la sobriedad en la cárcel no es en nada diferente a la sobriedad de afuera, en el sentido de que se origina en la práctica de los Doce Pasos y las Doce Tradiciones de A.A., un día a la vez. Estoy sobrio por sólo un día, y soy responsable por sólo un día: hoy. Si algo sale mal en mi manera de hacer las cosas, es para mí una advertencia de que no estoy siguiendo los Pasos sugeridos de A.A. Al suceder esto, suelo hablar con uno de los "ganadores" de programa, o con uno de los consejeros de alcoholismo. Además me pongo a leer mi literatura, de la cual tengo un amplio surtido en mi celda y, en alguna de las páginas que leo, encontraré el remedio contra el estado de ánimo o los sentimientos que me afligen. Cuando me veo estancado o tengo alguna dificultad, la mayoría de las veces es porque no he sido sincero conmigo mismo, y ya es hora de manifestar una verdadera humildad y de reconocer mis defectos de carácter.

Hoy mi vida es gobernable, y doy gracias a Dios por todo lo que tengo, y por todo lo que no tengo. Sé que, si no me tomo un trago hoy, no voy a perder lo que he ganado ni tendré que temer que me sucedan cosas sobre las cuales no tenga control. Estoy agradecido hoy por la conciencia y los conocimientos que tengo de mi enfermedad, la cual, ahora sé, tiene que ser tratada diariamente. Me doy cuenta de que tengo que mantener mi vida tan sencilla como lo hacían Bill W. y el Dr. Bob mientras elaboraban la estructura de la Comunidad de Alcohólicos Anónimos. Es un programa sencillo, y una manera de vivir que hace que las cosas mejoren más allá de los límites de tu imaginación.

J.M., Woodburne, N.Y.

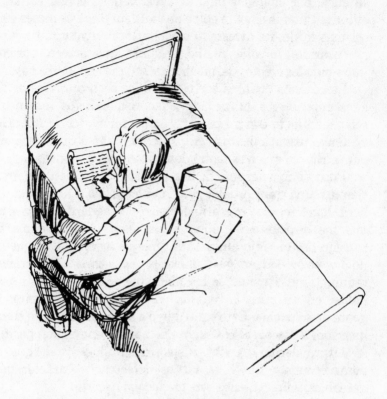

La sobriedad es asunto de adentro

El estar encarcelado los pasados 18 meses en el Departamento de Correccionales de Texas me ha dado la sobria oportunidad de ver, examinar y enfrentarme con alguno de mis defectos de carácter. Soy alcohólico. Con la ayuda del programa de A.A. y una renovada fe en mi Poder Superior, he experimentado algunos asombrosos resultados y cambios en mi vida. Esto requería que yo diera algunos pasos. Antes, el temor me había impedido que lo hiciera.

Durante la mayor parte de los últimos 28 años, bebía en exceso casi todos los días. Parecía ser una manera natural de vivir. La primera vez que fui arrestado, fue el día en que cumplí

43 años, por conducir bajo los efectos del alcohol. En aquel entonces, no fue sino un golpe de mala suerte. Dos meses escasos más tarde, fui arrestado por homicidio involuntario y por no pararme a prestar auxilio. Después, otro arresto por conducir bajo los efectos del alcohol, y aquí me encuentro hoy.

Llevé unos cuantos cortos períodos seco durante los dos años anteriores a mi llegada a la prisión. Estos tenían una relación directa con mi asistencia a las reuniones de A.A. Hoy no tengo resentimientos con nadie, ni nadie a quien echar la culpa. Era yo quien se metió donde hoy me encuentro.

Poco tiempo después de llegar a esta institución, me sometieron a una dura prueba para un alcohólico. De alguna manera, logré rehusar ese primer trago de "aguardiente casero" que me ofrecieron — aunque olía bien. Acordándome del consejo de un viejo amigo A.A., me las arreglé para que me dejara pasar sin un pase oficial, y así asistir a mi primera reunión aquí. Cuando se me pidió, me encontraba listo para hablar en mi primera reunión en prisión ante un grupo de gente desconocida. Esto contribuyó a abrir las líneas de comunicación. Además, me di cuenta de que de una acción positiva se desprenderían algunos buenos resultados. Había que superar el temor que crea tantos defectos de carácter poco deseables, y únicamente a mí me tocaba hacerlo.

Ser tímido, a causa del miedo, ha sido uno de mis peores defectos de carácter. Para la mayoría de los reclusos el reparto del correo es el punto culminante del día. Tenía el deseo de escribir cartas a un miembro de A.A., con quien pudiera comunicarme de una forma eficaz, pero también tenía sentimientos de vergüenza. En mi primera reunión de A.A. en prisión, recogí un ejemplar del folleto "Es Mejor que Estar Sentado en una Celda." En aquel entonces, me era imposible escribir a un A.A. residente del área donde vivía, todos me conocían. Conforme a una sugerencia del folleto mencionado, dirigí una carta a la G.S.O. (la Oficina de Servicios Generales de A.A.) pidiéndoles que me ayudaran a encontrar a alguien con quien intercambiar cartas.

Esta acción tuvo como resultado un nuevo método de comunicación para mí, no sólo dentro de A.A. sino en lo que se refería a otras áreas también. ¿Has tenido alguna vez un padrino, así nombrado por ti mismo, por correo? Este es un hombre de quien no tengo ni una foto; no lo he visto, ni he hablado con él nunca; no obstante, lo conozco. Las cartas constituyen otra reunión de A.A., y las reuniones en prisión son de una frecuencia y número reducidos. Para mí, las cartas son una forma muy particular de reunión, una reunión que se puede guardar archivada para una lectura e inspiración futuras, como un casete transcrito en papel. La ayuda que he recibido en forma de sugerencias basadas en la experiencia de A.A., del ánimo y la gratitud y de la sencilla y sincera camaradería, ha tenido un efecto dramático en mi vida. Lo he experimentado en formas demasiado numerosas como para ser mencionadas todas; pero estaré para siempre agradecido a mi Poder Superior y a A.A. en su totalidad.

El escribir es una forma muy eficaz de expresar mis pensamientos, ideas y las frustraciones que se originan en el ambiente negativo en el cual vive la mayoría de los presos. Todavía me queda una porción de antiguo temor, pero voy trabajando para eliminarla. Hoy tengo suficiente confianza como para tratar de escribir — así que, si no lo has probado, no lo critiques.

Entre mis otros muchos defectos de carácter, en segundo lugar estaba probablemente mi negativa a pedir ayuda (en primer lugar estaba el miedo). El ego engreído, junto con el temor, me deparaba una buena —y falsa— razón, o sea, un pretexto para emborracharme muchas veces. Poco después de llegar a la prisión, llegué a darme cuenta de que había algunas cosas que tendría que pedir, sin tomar alcohol, para hacer razonablemente cómoda la vida aquí. El ego inflado me había hecho querer ser independiente en todo. El desinflamiento del ego resultó ser un arduo trabajo. La humildad significaba la vergüenza y la degradación. Con la ayuda de A.A., y mucha meditación, empecé a darme cuenta de lo trastornado que había llegado a estar mentalmente. Me fue difícil tragarlo, pero gracias a este programa, lo acepté. Conocer la humildad hoy es un regalo apreciado y no tiene nada que ver con mi concepto original de lo que era.

Después de unos cuantos meses en prisión, todavía tenía a menudo una actitud bastante mala en cuanto a la gente, las cosas, los lugares y las ideas. Esto lo ocultaba lo mejor que podía. El programa de A.A. iba influyendo en muchos aspectos de mi vida — ¡Qué revelación! Ahora se me requería dar otro paso, porque me daba cuenta cada vez más de otro defecto de carácter después de esos primeros meses de sobriedad.

Nuestro grupo carcelario tiene la suerte de poder contar con algunos asiduos oradores del "mundo libre." Uno de estos hombres hizo un comentario que quedó grabado en mi mente. Dijo: "A.A. es más que un par de siglas que representan Alcohólicos Anónimos. Representan también la Abstinencia Absoluta y el Ajuste de la Actitud. El alcohólico tiene que pasar por un ajuste de su actitud." Esto me dejó verdaderamente impresionado. El arte olvidado de escuchar y oír reapareció y nuevamente pude entender las cosas. Con un esfuerzo por mi parte, he logrado experimentar muchos cambios de actitud, y todos en beneficio mío. Por esto también me siento agradecido a mi Poder Superior y a A.A.

No es nada fácil vivir la vida carcelaria. Lo fácil sería enfocarse en los aspectos negativos de un ambiente muy negativo. Hoy tengo una alternativa o, mejor dicho, multitud de alternativas. Ya no llevo una vida de temor, lástima de mí mismo, desesperación, soledad y odio. El día de hoy puede ser malo o hermoso; me toca a mí decidir. Ir a clases o al trabajo, estudiar o dormir, hablar o callarme — estas son algunas de las opciones que tengo hoy. El alcohol me había quitado la libre elección y otras muchas cosas, mucho antes de que yo llegara a la prisión. El alcohol mismo había extinguido mi conciencia de que era la bebida lo que me tenía encarcelado.

No he llegado a ser "institucionalizado," y me es grato pensar en mi liberación. Estaba loco y lo admití sin reservas al dar el Segundo Paso. Puede que lo siguiente les asombre a algunos, pero estoy plenamente convencido de que esta estancia en la prisión es para mí una bendición. Es penoso tocar fondo, pero tengo la sobria oportunidad de ir adelante por el buen camino; podría haber sido peor. Estaré eternamente agradecido a Dios, al programa y a los miembros de A.A. por lo que tan liberal y generosamente se me ha dado. Gracias.

L.P., Huntsville, Texas

El que violaba la libertad condicional

Hace unos tres meses escasos, "Tu Servidor" volvió a integrarse a la sociedad (el "mundo libre" como lo llaman aquí), para vivir la vida con la que tanto tiempo había soñado — la de un hombre libre, un ciudadano útil. Conmigo llevaba lo de mis ocho años de A.A.; sus enseñanzas y su filosofía, la experiencia de oír contar los éxitos y los fracasos de la demás gente y la firme resolución de no convertirme en uno de los fracasos. Yo no.

No obstante, aquí estoy de nuevo, dentro de los muros cenicientos, en casi la misma celda, haciendo el mismo trabajo que me asignaron hace nueve años cuando llegué a esta prisión. ¿Qué pasó? Lo sé, pero es difícil admitirlo. Simplemente, me permití sentirme suficiente, satisfecho con mi programa de A.A. Durante las primeras semanas allí en el "mundo," no había suficientes reuniones a las que yo pudiera asistir. Noche tras noche, me encontraba viajando en coche a reuniones en todas partes del área de Denver. Después, empecé a faltar a algunas de esas reuniones, diciéndome que nadie podría esperar que yo asistiera a tantas. Antes asistía a cinco reuniones cada semana; después a una o dos a lo más; empecé a buscar pretextos para no asistir. "Me siento demasiado cansado hoy" o "se me ha presentado algo urgente" o "tengo un día atareado mañana y debo acostarme temprano," etcétera.

Mucha gente me estaba alabando por los progresos que hacía en A.A., lo cual se me subió a mi egoísta cabeza. ¿No era cierto que había empezado con nada y tenía ahora un coche, un camión y, para colmo, una pequeña cuenta bancaria? Pero todo lo que ganaba y por lo que me sentía tan orgulloso fue, de alguna manera, el comienzo de mi viaje de vuelta a la prisión por incumplimiento de las condiciones de la libertad condicional y de otros posibles delitos que en el futuro me podrían costar un nuevo "número" y una condena más larga. Sintiéndome tan presumido y satisfecho de mis progresos en A.A., empezaba a hacer de A.A. algo de segunda importancia en mi nueva vida callejera. No, mi problema no era lo de la "alegre vida nocturna," ni las "guapas" que parece que se encuentran en todos los bares esperando la llegada de tipos como yo, porque ni toqué una gotita de alcohol hasta aquella noche funesta cuando perdí el hilo. Me olvidé de que estaba en libertad condicional.

Empezaba a sentirme acosado, apremiado por el montón de responsabilidades que había aceptado sin estar listo todavía para cumplirlas, la multitud de favores que otros querían que les hiciera y que consumían el tiempo que debía haber dedicado a las reuniones. Ahora, cuando la gente me tildaba de gallina por no tomarme un trago, lo encontraba más difícil de soportar y, por fin, en un momento de debilidad, dije "¡Qué diablos!" y así acabé aquí, sentado en esta maldita celda, preguntándome qué pasó. Mi primera y única borrachera en nueve años fue, como dicen los asiduos de los bares, una parranda de campeonato.

La secuela ya es hecho establecido. Volví a la prisión. Tengo muchas deudas que pagar; tengo que volver a ganar la confianza que otros tenían en mí, y tengo que volver a empezar. Ya se han ido todos los amigos que tenía en los bares que frecuentaba y donde bebía. Los "días buenos" ya no son sino recuerdos. Todo lo que queda son los corazones desgarrados y la condena más dura que tengo que cumplir. Me veo enfrentado ahora con lo más difícil: el volver a empezar.

El Cuarto Paso se está convirtiendo en un factor cada vez más importante de mi programa — y es preciso que no me descuide nunca del importantísimo Primer Paso como lo hice antes. La admisión y el inventario personal — estas son las palabras claves para practicar el programa, y al perder de vista este hecho, poco le vale al alcohólico tratar de practicarlo, porque está frustrando así la realización de su objetivo — el de superar el alcoholismo — engañando a nadie más que a sí mismo. El miembro sincero, que trabaja en el programa y lo vive, puede reconocer al farsante desde lejos (me pregunto cuántos me reconocerían a mí); pero el sincero no es quién para decírselo al farsante, ni puede esperar este último que el sincero practique el programa en su lugar. El programa de A.A. es para aquellos que lo quieren sinceramente, y lo buscan.

Mi locura fue: dejar de buscarlo y creer que A.A. tenía una deuda *conmigo*. Ahora me he puesto nuevamente a trabajar. Ruego a Dios que *esta* vez todo salga bien o, mejor dicho, que yo salga bien. Tanto hay en el Libro Grande que antes pasé por alto por estar demasiado ocupado dándomelas de gran tipo y engañándome. La duración de mi estadía aquí depende de aquellos que disponen nuestro futuro; pero puedes estar seguro de que voy a practicarlo y vivirlo a pesar de las risas y comentarios cínicos que tal vez oiga soltar a mis compañeros por estar aquí de nuevo y por haberme integrado en el programa de A.A.; no son ellos, sino yo, quien tiene que vivir mi vida, y, como he oído decir tantas veces recientemente en las reuniones de A.A.: tengo que alcanzar la madurez.

Tengo que volver a empezar, con A.A. como mi base, con mis seres queridos que me están animando para que trate de hacerlo otra vez y la mano del compañerismo que me echan los mismos miembros a quienes fallé. Sé que puedo volver a empezar y lo haré. No voy a buscar pretextos, ni a quién echar la culpa; la sencilla honestidad ahora me va a dar resultados.

La primera noche después de volver aquí fue la más negra que pasé en prisión. Tumbado en la cama, empezaba a hacer mi "inventario", preguntándome por qué. Me daba cuenta (aunque no quería admitirlo) que yo era un farsante cuando, al salir de aquí, trataba de imponerme a los diversos grupos de A.A. por puro engaño, por grandiosas y vanas palabras. Como consecuencia, me salió el tiro por la culata. Lo trágico del asunto está en que no soy yo la única víctima de mis disparates; hay otros que confiaron en mí que también quedaron lastimados. Un hogar arruinado, sueños de un matrimonio feliz decepcionados, hijos que llegaron a quererme, un patrón que me dio esa "única oportunidad", el encargado de libertad condicional que hacía todo lo posible para ayudarme, los buenos y queridos amigos que me alimentaban, me vestían y me alojaban mientras estaba tratando de reestablecerme — todos ellos son los verdaderamente lastimados por esto.

Esta vez, *tiene que* salir bien. Tengo que ponerme a trabajar y hacer que dé resultados. La vida es demasiado corta y preciosa para entregarla al estado para que sea utilizada en este inservible carrusel de vacío al que se ha puesto el nombre de "castigo."

Volver a empezar — este es mi objetivo. No quiero completar nunca este programa, sino entregarme de lleno al aprendizaje; porque jamás en este mundo ni en el cielo ningún alcohólico puede "graduarse" en su tarea de superar el alcoholismo. La experiencia me ha dejado convencido de que este alcohólico, sin duda, no lo hará. La admisión, el inventario y el estar dispuesto a ayudarte a ti mismo son las claves del éxito.

S.S., Colo.

Un preso malo imposible de alcanzar

Yo, al igual que la mayoría de los alcohólicos, tenía como lema: "Come, bebe y diviértete, porque mañana morirás." Pero, por supuesto, yo no podía morir. Cada vez que me despertaba, estaba angustiado, enfermo mental, física y espiritualmente. No había nada que me pudiera sacar del abismo sino más alcohol. Con el tiempo, para levantarme era necesario reforzar el alcohol con otras drogas. Más tarde, ni siquiera la mezcla del alcohol y la droga me podía levantar.

Hay muchas cosas peores que morir, pero ¿hay una muerte peor que el lento y progresivo suicidio del alcohólico activo? El alcohólico muere repetidas veces. El alcohol va destripando la vida, consumiendo el cerebro de tal forma que el alcohólico queda ciego ante la verdad. Pasé doce años en prisión sin tener la menor sospecha de que, sin el alcohol, nunca me habría encontrado encarcelado. Si no hubiera sido por A.A. en prisión... pues, no sé, pero tengo motivos para creer que no estaría vivo hoy.

Mira, ya perdí cinco veces, convicto de cinco delitos graves (sin mencionar los casos en que logré evadir la justicia). Estuve en cuatro penitenciarías y campamentos correccionales, incluyendo uno de alta seguridad durante la década del se-

senta. Los dos años que pasé allí, era incorregible, hecho comprobado por mi expediente. Además, de vez en cuando, según el criterio de nuestra sociedad, estaba loco. Pero cuando, asignado a trabajos forzados, me rompí la pierna con un martillo de dieciséis libras, estaba luchando contra el sistema, valiéndome de mi cuerpo. E igualmente cuando dejé que una mezcla de ácido y agua me quemara cuatro de los dedos del pie por cinco horas. Era agitador, alborotador, y mucha gente tan amarga como yo me seguía.

No quiero divagar comentando acerca de la dinámica de la criminología. No obstante, hay algo de lo cual estoy seguro: Los presos que asisten a A.A. en prisión tienen una mayor probabilidad, al ser puestos en libertad, de permanecer libres — esto es un hecho confirmado por la experiencia. Por supuesto, es necesario que un preso empiece a vivir la vida de A.A. "adentro," para tener esta posibilidad "afuera." Beber alcohol tiene como efecto el cambio de la personalidad, incluso en las personalidades sanas. Si mi personalidad es inadecuada, antisocial o retorcida y la altero con el alcohol o cualquier otra sustancia química, puedo decir adiós a mis buenas intenciones, a mi preocupación por la consecuencia de mis acciones, y a mi disposición para ser responsable. ¿Qué puedo hacer que no sea lo que siempre he hecho? — comportarme como siempre me he comportado y volver a la prisión. Se estima que dos tercios de los presos estaban bajo los efectos del alcohol y/o la droga cuando cometieron los crímenes por los cuales cumplen condena.

No obstante, a menudo los reclusos no pueden identificarse con las historias de muchos de los A.A. Esto se puede entender fácilmente. La mayoría de nosotros no nos quedábamos suficiente tiempo afuera como para hacer el típico recorrido alcohólico — para que se manifestara el alcoholismo continuo o la forma alcohólica de beber de la cual se oye hablar en A.A.

Siempre, o casi siempre, al ser puestos en libertad, teníamos buenas intenciones. Pero con el primer trago, nuestras buenas intenciones desaparecieron; nuestras personalidades cambiaron. Volvíamos a la vieja vida, la que conocíamos — una vida llena de ira, de venganzas, de rencores, miedo, dependencia, negación, obstinación, irresponsabilidad. Y nos encontramos nuevamente en prisión, donde se iban deformando nuestras personalidades cada vez más.

La sobriedad y un plan de vida que produzca un cambio de personalidad y un despertar espiritual son imperativos. Por medio de A.A., muchos experimentan el cambio y el despertar necesarios con sólo intentar vivir de acuerdo a los principios de A.A. y asociarse con la gente de A.A. Lo hacemos asistiendo a las reuniones de A.A. con amplitud de ideas y el deseo de vivir la vida sin tener que usar sustancias químicas —líquidas o de cualquier otra forma— para sentirnos bien.

Por medio de A.A. podemos experimentar una liberación del ego. Después de todo, era el ego (tú, yo) el que nos obstaculizaba, que dirigía el espectáculo y nos conducía a la bancarrota y lastimaba a nuestros seres queridos. Todos los Doce Pasos de A.A. se encaminan a matar al viejo ego (a desinflarlo) y a contsruir un nuevo ser liberado.

Preferiría hablar acerca de las cosas buenas que A.A. me ha enseñado; me parece que para la mayoría de mis lectores encarcelados será suficiente mencionar solamente unos cuantos sórdidos detalles para que ustedes sepan de dónde vine yo.

En 1953, en una prisión de mi estado natal, pasé once meses incomunicado, entrando y saliendo unas cinco veces del "pozo" (un cubículo desolado de hormigón armado). Durante cada plazo de diez días en el pozo oscuro, me daban diariamente pan y agua, y una sola comida completa al tercer día. Yo creía que esto era duro, hasta que llegué al pozo del campamento correccional. Tenía cabida suficiente sólo para tenderse en el suelo. Allí me daban cada día agua y unas cuantas galletas secas, y antes de que pudiera comer mi comida del tercer día (la *única* comida que tendría durante días), me hacían tomar un vaso de aceite de ricino, o mineral, según la crueldad del "dispensador." Diez días de esto me hizo perder la primera vez 70 libras, de 200 a 130, y rara vez me quedaba fuera del pozo suficiente tiempo como para recobrar la pérdida.

Iba en cadenas, vestido con el típico traje rayado de los presos. Siempre tenía grilletes puestos en los tobillos. No es nada difícil vestirte así encadenado, una vez que dominas el truco de meter los pantalones al revés por los grilletes.

Era uno de aquellos malos presos a quien nadie puede alcanzar. La primera vez que recuerdo ver u oír hablar de A.A. fue en 1956. Se iba a efectuar una reunión grande en el auditorio de la prisión. (Puedo ver destacadas en mi memoria, de gran tamaño y en rojo, las siglas A.A.) En esos días no tenía ninguna confianza en nadie que asistiera a los servicios religiosos, y creía que A.A. era para los débiles. Ni hice el menor esfuerzo para entenderlo. No sabía que yo era alcohólico y (al igual que la mayoría de los presos de hoy día) no podía ver la relación entre el alcohol y mis problemas del pasado.

Me llevaron a la primera reunión de A.A. fuera de la prisión en Los Angeles en 1960. Durante un plazo de cinco años estaba entrando y saliendo de A.A. en Los Angeles, Phoenix y San Francisco. En 1965, tiré todos mis libros de A.A. y decidí no volver nunca a A.A. Estaba vivo, pero muerto.

En 1968, me fui de California y volví a mi estado natal. Ya había ingresado en varios hospitales para el alcoholismo. Entonces, cometí mi último crimen. Dos semanas después de un robo a mano armada, en el cual una persona fue ligeramente herida (yo podía haber matado a alguien), me arrestaron. Me desperté en la cárcel, enfermo, sufriendo por la carencia de alcohol y estimulantes, convicto ya cuatro veces y acusado de un quinto delito grave. Esto marcó el fin del mundo para mí — el 13 de noviembre de 1969.

Afortunadamente, me sentenciaron solamente de 15 a 20 años, y volví a mi alma máter (donde había pasado tanto tiempo en el pozo), en febrero de 1970. Tenía 44 años; mi vida era un desperdicio. Me hundí en una desesperación total. Toqué fondo. No obstante, todavía no quería asistir a A.A. en prisión. Casi volví a ser el incorregible que había sido — me metí en líos con algunos de los presos, tenía planeado un escape. Si hubiera fracasado, habrían tirado la llave y yo nunca volvería a conocer la libertad.

Y entonces ocurrió el milagro. Un domingo de julio de 1970, mientras estaba haciendo inventario del contenido de la cámara frigorífica, un letrero de madera colgado en la puerta de adentro me hizo parar en seco. Allí inscrita estaba la Oración de la Serenidad. Las palabras saltaron a mis ojos. De repente, me acordaba de una de mis primeras reuniones de A.A., donde oí decir, "Si eres alcohólico y sigues bebiendo, el fin será la muerte o la locura." Nadie había mencionado el infierno antes de la muerte.

Sí, ya sabía lo que era la Oración de la Serenidad — A.A. me lo había enseñado. Iba a ser para mí un salvavidas — el último catalizador. (En este momento la estoy mirando en mi dormitorio — una copia que me regalaron hace algunos años en el grupo de A.A. de esa misma prisión.) Después de encontrarme la Oración de la Serenidad, creo que, durante las 24 horas siguientes, hice los tres primeros Pasos por primera vez. Me entregué plenamente. Empezaba a conciliar el sueño, a descansar y aceptar mi condición. El 27 de julio de 1970, comencé a asistir a A.A. en prisión.

Después de cumplir solamente dieciocho meses de mi condena, este ex incorregible fue puesto en el "grupo de honor." (Dios obra por medio de la gente.) Poco tiempo más tarde, me trasladaron a la instalación del grupo de honor, donde pasé el año más doloroso de mi vida. El crecimiento siempre te causa dolores, y sin la ayuda de mi compañero "civil," Eugenio, puede que no hubiera sobrevivido aquel año crucial de ajustes. Este amigo A.A., cuando yo estaba afuera con permiso, me alojaba en su casa. No sería suficiente decir que él y su esposa me aceptaron. El escuchaba mis penas; los dos me trataban como a un ser humano.

Pasado poco tiempo, fui seleccionado, junto con otros ocho reclusos de los 10,000 encarcelados en ese entonces en las prisiones del estado, para asistir a una escuela, cuyo propósito era convertir a los "presos problema" en paraconsejeros. Después de nueve meses de entrenamiento, mis compañeros de clase fueron todos puestos en libertad condicional y empezaron a trabajar en el Departamento de Correccionales. Yo todavía no había cumplido suficiente tiempo para que me consideraran candidato para libertad condicional — hasta que, sin duda con la ayuda de Dios — el gobernador cortó cinco años de mi sentencia. Fui puesto en libertad condicional el 27 de octubre de 1972, habiendo cumplido menos de tres años de mi condena. Entonces, yo también empecé a trabajar como consejero en el Departamento de Correccionales. Para apreciar lo milagroso de esto, tendrías que entender el mecanismo carcelario.

Después de trabajar unos cuantos meses allí, me trasladé al Departamento de Salud Mental del Condado como trabajador de alcoholismo. Ya hace más de un año que trabajo como consejero de alcoholismo, y ahora mi libertad ya no es condicional. De vez en cuando hago visitas a mi alma máter para dar charlas de A.A., y — ¿te lo puedes creer? — el jefe de la prisión es amigo mío. Considero que mi sobriedad se remonta al 27 de julio de 1970 — no al 13 de noviembre de 1969, fecha de mi último trago. Estar seco no equivale a estar sobrio.

Hace tres semanas, sonó mi teléfono y oí una voz que no había oído desde hacía más de 23 años. Era la voz de mi ex esposa, quien me decía que mi hijo, de 27 años, que ha cumplido su entrenamiento del Marine Corps y se ha graduado de la universidad, quería verme privadamente, que se iba a casar en tres meses y que le gustaría verme en la boda. No he visto a mi hijo desde que tenía tres años y medio. No me conoce, ni yo le conozco a él. Doy gracias a Dios porque lo voy a ver este mes. Espero que allí en la boda tendré la oportunidad de ver a mi hija y a su madre. La última vez que la ví, mi hija tenía un año y medio. Hace dos años, intenté hacer algunas enmiendas, poniéndome en contacto con mi familia. Pero no era todavía la hora de hacerlo según Dios lo tiene dispuesto.

No me merezco nada de lo que me ha ocurrido. Me refiero

a las buenas cosas que han ocurrido. Lo debo todo a A.A. y a Dios. No me atribuyo el mérito por nada. El mes que viene, cumpliré 50 años. Todavía no he visto a mi hijo ni a mi hija, ni a los hijos de mi hija, mis nietos; pero me siento agradecido. Es todo como un sueño. Tal es el misterio de la vida; pero es un misterio que se hace cada vez más hermoso.

Perdóname. No puedo escribir más acerca de los acontecimientos más recientes, esperando ver a la familia que abandoné hace tanto tiempo. Además, sólo puedo vivir hoy. Tengo que estar preparado y dispuesto para aceptarlo si resulta que no les veo jamás. Es difícil, pero únicamente así me ha dado resultados.

Todavía soy arrogante, egoísta, fariseo, sin humildad alguna, incluso un farsante a veces; pero me esfuerzo por ser un hombre mejor y por ayudar a mis prójimos. Nunca seré un santo, pero quien sea que llegue a ser, quiero estar sobrio y ser miembro de A.A. La palabra "alcohólico" ya no me disgusta; de hecho, al aplicarse a mí, es un placer para mis oídos.

Que Dios les bendiga a todos ustedes de A.A. y especialmente a los encarcelados. Recuerden, ahora tienen una alternativa.

Anónimo

Desde adentro hacia afuera

A menudo he oído la pregunta "¿por qué A.A. en prisión?" "Allí no puedes conseguir nada que beber." Aunque puede sorprenderle a alguna gente, se *puede* conseguir alcohol en prisión. Y si, por alguna razón, no se puede obtener, los alcohólicos recurren a otras drogas que sí *están* disponibles. Sin embargo, por otro lado, mucha gente oye hablar del programa de A.A. por primera vez en prisión. Fuera de la prisión, raramente les importaba suficiente como para prestar atención. Yo lo sé. Soy un prisionero.

Llegué a la prisión en 1967 por incumplimiento de libertad condicional. Aunque había cumplido anteriormente casi cinco años por robo a mano armada y secuestro, no había cambiado mis actitudes ni mi forma de beber autodestructivas; y, durante ese período no había oído ni una palabra acerca de A.A. En todo caso, es probable que yo no estuviera listo todavía para escuchar. Sí, era muy bebedor. Pero ¿un problema? Yo no lo tenía. Todos mis problemas se podían atribuir a mis parientes, mis circunstancias — tú sabes, el mundo nunca me había tratado justamente, nunca me ofreció aquella "magnífica oportunidad."

En 1968 me sentenciaron a muerte. En 1970, recibí una segunda condena a muerte. Vivía cuatro años en el pabellón de los condenados a muerte, hasta que las sentencias fueron conmutadas por la de cadena perpetua. Durante ese tiempo no me importaba nada ni nadie. Como las ramas muertas del bosque, mi actitud reflejaba la perdición, la extinción y la ruina. No me movía a no ser que me empujaran.

Sin previo aviso, en el invierno de 1971, me incorporaron a la población carcelaria general. Mi actitud mejoró un poco, pero el recuerdo de que nunca saldría de la prisión defraudó mis tenues esperanzas. ¿Por qué importarme? Iba matando el tiempo, haciendo mis tareas a paso de tortuga, con la sola intención de hacer soportable mi existencia. Pero esto tampoco funcionó. Finalmente, en 1974, un preso drogado desbarató bruscamente mi "vida en cámara lenta." Esa "intervención divina" inició mi despertar.

Ese preso me cortó de golpe la vena yugular con una navaja. La sangre me salía a chorros. Creí que esta vez iba a morir. Mis viejas actitudes, mi vida pasada, mis sueños del futuro, todo me pareció en ese instante una farsa. Me di cuenta de lo falso que había sido durante toda mi vida. Una rápida intervención médica me salvó la vida, y así empecé mi solemne búsqueda de algo a lo cual pudiera dedicarme con sinceridad.

En la primavera de 1975, me trasladaron a otra sección de la prisión donde el programa de recuperación de A.A. florecía como un bosque de reconfortante verdor. Pero yo tenía la impresión de que A.A. era un programa religioso.

Un amigo que sabía que una parte de mi problema tenía que ver con el alcohol me convenció para que asistiera a una reunión. Acepté hacerlo con una condición: Si no me gustaba la reunión, no volvería. No quería que nadie me sermoneara.

La primera reunión fue para mí una confusión total: los lemas, la lectura del Preámbulo, Cómo Trabaja, referencias a los Pasos. Pero fijaba mi atención en un hombre más viejo de pelo cano que se llamaba Teófilo. Estaba hablando de Dios, poder superior, amor, camaradería. "¡Ajá! lo que yo me sospechaba," me dije a mí mismo, "una pandilla de religiosos." Y decidí no volver.

Pero notaba que Teófilo hablaba también de no beber y acerca de cómo se relacionaban íntimamente nuestras actitudes, nuestra soledad, nuestros problemas y nuestra forma de beber. No sabía que Teófilo, después de trabajar varios años en A.A. en prisión, ya se daba perfecta cuenta del inconformismo de presos como yo. Después de esa reunión, se tomó la molestia de darme la bienvenida, extenderme la mano y decir, "es un placer tenerte con nosotros. Si tienes un problema con la bebida, este es el lugar donde puedes aprender a hacer algo al respecto. Tú nos importas y te prestaremos toda la ayuda que podemos si *tú* quieres dejar de beber y mantenerte sobrio."

Al irme de la reunión seguía pensando en la preocupación manifestada y expresada por Teófilo. Tenía que enterarme más del asunto y, por ello, asistí a la siguiente reunión. Llegó un orador invitado de afuera que contó su historia. Algo de lo que dijo, dio en el blanco.

No me hice converso inmediato de A.A., pero seguía asistiendo a las reuniones; por un plazo de ocho años asistía a dos reuniones cada semana. Durante ese período me metía en el trabajo de servicio del grupo. Lenta y sutilmente me veía liberado, absuelto de mis costumbres destructivas, mi forma obsesiva de pensar del pasado, del presente y del futuro. Empezaba a centrarme en el día de hoy. Creo haber experimentado el "cambio de personalidad' del cual se habla en el programa. Todavía me sorprende y me alegra oír a la gente comentar sobre la transformación y mejora de mi carácter — y esto refuerza mi recuperación. Todos necesitamos de vez en cuando una palmada en la espalda.

A lo largo de los últimos diez años —de 1975 a 1985— creo que, como un árbol rejuvenecido, he echado nuevas ramas. Durante ese tiempo, el programa de recuperación de A.A. me ha enseñado que no puedo dominar o controlar el alcohol —o cualquier otra droga— y, por lo tanto, lo más prudente es no tocarlo en absoluto. Ahora sé resistirme a "aquel impulso."

Durante estos años de recuperación, el alcohol y las drogas han estado disponibles — siempre lo están. Incluso en una prisión de alta seguridad alguien intentó interesarme en comprar dos pintas de whisky de buena marca, cuando yo llevaba dos años ya como miembro de A.A. Esto me presentó una tentación inmediata. Pero no lo compré. Sin A.A., no habría podido resistirla. Con A.A., estaba a salvo, aunque por curiosidad le hice la pregunta: "¿Por qué me traes esto a mí?"

Me respondió: "Ya que eres uno de esos 'alcohólicos,' creía que a lo mejor lo querías."

Huelga decir que lo vendía caro. Le expliqué que A.A. me había convencido de que no bebiera. Luego le pedí que se alejara y logré resistir la primera tentación.

Una de las principales atracciones de A.A. en prisión es los visitantes que llevan el mensaje de esperanza y recuperación adentro, contando sus propias historias. Es probable que todos estos oradores puedan pasar su tiempo en lugares más "interesantes." No obstante, cada uno elige entrar en una prisión para extender la mano de A.A. A estos oradores — sinceros, honestos, amables— siempre les parece agradar estar en una reunión de A.A. en prisión, y recordar a los presos:

"Muchos de nosotros podríamos estar muertos, locos o encarcelados nosotros mismos." Algunos nos traen literatura, muchos irradian espiritualidad. Su segura amistad ha dado aun más inspiración a los alcohólicos encarcelados. Algunos de estos oradores son ex presos que encontraban A.A. "adentro." Ahora vuelven para pasar el mensaje a otros. Me han infundido el deseo de hacer lo mismo algún día. Sí, con la recuperación, la esperanza me ha devuelto una parte de mi vida que creía perdida para siempre.

Durante dos años que pasé en otra institución, no tenía grupo de A.A. Pero un traslado reciente me ha deparado nuevamente el compartimiento y el cariño de las reuniones de A.A. Aquí en esta institución no tenemos visitas regulares de oradores de afuera. Estamos haciendo un esfuerzo para animar a los A.A. que vengan "adentro" para compartir con nosotros.

Si alguien te pide que compartas el mensaje de A.A. "adentro," es muy probable que tal servicio te será muy significativo, liberador, gratificador y honroso. Tu historia y tu ayuda constituyen una visita de Paso Doce que importará mucho si haces aquí un solo amigo y le infundes el deseo de mantenerse sobrio, de salir liberado y quedarse en libertad. ¿Funciona Alcohólicos Anónimos en prisión? Sin duda alguna.

D.A., Maury, N.C.

"No te arrestaron — te rescataron"

Esto lo escribo en una prisión, donde estoy cumpliendo una condena de dos años. Cuando llegué aquí, me imagino que me parecía a muchos otros presos — tenía multitud de sentimientos contradictorios, y les echaba la culpa a todos los demás por estar aquí.

Después de pasar unas cuantas semanas aquí, descubrí algunos folletos de A.A. Y al haber contestado a unas quince preguntas contenidas en uno de esos folletos, descubrí, entre otras cosas, que yo era alcohólico. Digo "entre otras cosas," porque era también una persona muy trastornada emocionalmente, y ahora sé que la mayoría de los alcohólicos lo somos.

Antes de llegar aquí, pasé un año entrando y saliendo de instituciones siquiátricas. Cada vez que ingresaba en una, me preguntaban si tenía un problema con la bebida y, por supuesto, mi respuesta era que no. Así que, al ser dado de alta, estaba tan enfermo como lo estaba cuando llegué. La única diferencia estaba en que, al salir, tenía algunas píldoras que me ayudarían a "enfrentarme" con la situación.

Cuando me uní al programa de A.A. ya había tocado fondo, el auténtico fondo. Tuve que aceptar el programa de Doce Pasos — o resignarme a salir en un cajón de madera. Durante los últimos dos años, había intentado suicidarme doce veces.

Por ser criado en un buen hogar cristiano, el Poder Superior no me era algo desconocido. El único problema que tenía al principio era intentar huir de aquel Poder Superior. Como pretexto, me decía que estaba escapándome de mis padres; pero, según lo veo ahora, era de ese Poder Superior.

Empecé a beber a la edad de 14 años y cuantos más años cumplía, tanto más bebía y mayores problemas tenía. A causa de la bebida, perdí a mi esposa, una empresa, y empleo tras empleo. Además perdí cantidad de amigos.

Al igual que todos los demás alcohólicos, no podía ver más allá de mis narices. Efectivamente, no podía mantenerme suficientemente sobrio como para ver mis narices. Era siempre otra persona quien tenía la culpa de que esto o aquello me sucediera. Los muros del resentimiento, odio, autoconmiseración, egoísmo y las demás emociones acarreadas por el alcoholismo eran más altos que los de la prisión que ahora me rodean.

Un preso de aquí, sentenciado a cadena perpetua me dijo, "no te arrestaron, Cholo, te rescataron." Y qué gran verdad es esa. No me agrada estar aquí; pero estoy agradecido y encantado de que A.A. estuviera aquí.

Supongo —de hecho lo sé— que el Paso más importante para mí fue el Noveno Paso. Fue también el más difícil. Pero para mí representaba el Paso clave hacia una nueva vida. Me deshice de esa carga de culpabilidad y qué alivio me dio hacerlo.

Me doy cuenta de que tengo muchos problemas con qué enfrentarme. Uno de los más grandes será ganar nuevamente el respeto cuando salga de aquí. Pero estoy convencido de que, si vivo de acuerdo al programa de A.A., tendré un éxito seguro. Tengo que trabajar los Pasos con diligencia mientras esté aquí adentro. Los problemas que tenemos adentro son básicamente los mismos que hay afuera. Somos todos alcohólicos, ya bebamos o no.

Para mí la mayor recompensa del programa es el Doceavo Paso. El programa me devolvió no sólo el sano juicio, sino también el Dios de quien había estado huyendo toda mi vida. Experimenté un despertar espiritual, ¡qué bendición! Descubrí la verdad respecto a mí mismo y pude ver, además, de qué se trata verdaderamente la vida.

D.R., Westminster, B.C.

Mi nombre es Tomás

Tuve una niñez feliz hasta que cumplí los quince años. Entonces, el alcohol se apoderó de mi padre. Una noche, mientras yo estaba sentado en la cocina comiendo, mi padre me puso en el cuello una escopeta de dos cañones, cargada, y me acorraló contra la pared. Algunos meses más tarde, borracho, él me despertó en medio de la noche. Allí lo vi de pie al lado de la cama, a punto de darme un golpe con un hacha. No sabía qué le pasaba. No podía pensar en nada sino escaparme de casa. No quería tener nada que ver con mi padre. Le tenía puro odio.

Cuando tenía dieciséis años, pasé un mes en un Campamento de Entrenamiento Militar Juvenil y me enamoré de esa manera de vivir. Luego decidí alistarme en el ejército en cuanto cumpliera dieciocho años. Poco tiempo después, una noche en casa de un amigo, estábamos mezclando productos químicos y uno de los muchachos tiró una cerilla en el recipiente y la mezcla explotó, dejándome quemado desde los hombros para arriba. Perdí la vista y todo el pelo y estuve una larga temporada en el hospital. De regreso a casa, solía quedarme tumbado en la cama, en la oscuridad, sin poder ver, y los sábados y domingos por la noche, mi padre subía a mi dormitorio y me maldecía de arriba a abajo. Me decía que no valdría nunca para nada. ¡Cuánto odiaba a ese hombre!

Pasados unos nueve meses, empecé a recuperar la vista en el ojo izquierdo, y, aunque nunca la recobré en el derecho, al cabo de unos cuantos días la tenía totalmente recuperada en el izquierdo. Cobré nuevas esperanzas; tal vez me aceptarían en el servicio militar. Al cumplir dieciocho años recogí los documentos necesarios y los puse en la mesa enfrente de mi padre. Los tiró al suelo. No quiso hacer nada por mí. Cinco meses más tarde, por fin mi madre los firmó. Hasta el día de su muerte, mi padre le guardaba rencor y le daba muchas palizas por haberlo hecho.

Me sentía preocupado, ya que sabía que a los tuertos no se les permite alistarse en el ejército. Así que, por primera vez en mi vida, utilicé el engaño. En la prueba ocular, al leer la lista de letras con el ojo izquierdo, la memoricé y, cuando tenía el ojo bueno cubierto, recité las letras memorizadas. Logré alistarme y, durante un par de años, lo pasaba bien. Me hice muy amigo de un muchacho italoamericano, incluso escribía cartas a su familia. Para las navidades, recibimos regalos de ellos y esto me hacía sentirme bien. Era como mi hermano.

Entonces, nos trasladamos al frente. En la segunda invasión me enviaron de patrulla acompañado por mi amigo Antonio quien, con unos cuantos más, se había ofrecido como voluntario. Nuestro objetivo era tratar de ponernos en contacto con una tropa paracaidista canadiense, y cubrimos el terreno especificado. Estábamos de regreso a nuestra área cuando el jefe de nuestra compañía se levantó de un salto gritando: "¡Fuego! ¡Dispárenlos! ¡Maten a esos bastardos!" Nuestros soldados compañeros dispararon, matando a todos salvo a mí.

Las últimas palabras que recuerdo son las de mi amigo, Antonio, que me dijo: "Tomás, ayúdame, Tomás." Y no pude hacer más que quedarme a su lado y verle morir.

Después de esto me vine abajo. Cualquier cosa que el comandante me pedía que hiciera, me negaba a hacerla. Empecé a sentir nuevamente todo el odio que tenía dentro de mí.

Una Junta de Oficiales me dijo que tenía que ponerme a trabajar. Les contesté: "Bueno, denme algún trabajo que pueda hacer a solas. No quiero tener ningún trato con ustedes." Me asignaron a trabajar manejando una excavadora. A nosotros nos daban de comer las poco apetitosas raciones K y veía mejores provisiones dirigidas a otras unidades. Decidí conseguirme una caja de buena comida. Fui al puerto donde enganché un remolque lleno de cajas a la excavadora y me encaminé a las montañas. Al llegar allí quité la cubierta de la parte de delante del remolque y todo lo que podía ver era cartones de whisky. Quité la cubierta de la parte de atrás — más whisky. ¡Tenía todo un remolque lleno de whisky! Saqué una botella, la abrí y allí, a la edad de 21 años, me tomé el primer trago de mi vida. Me gustó el efecto: aliviaba todo el dolor que sentía por dentro, todo el sufrimiento.

Cavé un hoyo con la excavadora y escondí el whisky. Durante los siguientes meses, lo bebía todo — excepto una caja que regalé a unos compañeros de otra división que estaban por trasladarse, y a ellos les echaron la culpa por robar el remolque.

Sin darme cuenta, me convertí en el hombre que era mi padre, el mismo borracho, el mismo loco. Había tanta soledad dentro de mí que no quería hablar con nadie.

Al regresar a los Estados Unidos, me dieron un permiso de 21 días. Yo me tomé 30 y me arrestaron borracho. Después de volver al campamento, hacía todo lo necesario para escaparme —subiendo o arrastrándome por debajo de la cerca— e ir al pueblo para comprarme licor. Me metía en peleas con otros soldados; le pegué a un oficial. Fui juzgado en consejo de guerra, me multaron y me expulsaron de mi unidad. No quería hacer nada más que beber.

Me ofrecí para volver al frente. Llegué a Europa 30 días después de la invasión de Normandía y servía en todas partes, visitando las bodegas cuando podía para conseguirme vino o lo que fuera. Y permanecía solo.

Cuando acabó la guerra en Europa, me ofrecí para la de China-Burma-India y estaba esperando al barco cuando la guerra terminó y tuve que volver a los Estados Unidos. Volví a alistarme por otros seis años y, otra vez utilicé el engaño para que me declararan apto. Me dieron 90 días de permiso y ni siquiera regresé a mi casa — ni siquiera cumplí los 90 días. Me arrestaron borracho y me llevaron al campamento. Me iban a enviar a Corea; pero les pedí que me enviaran a las islas. Tenía un fuerte deseo de ir a visitar la tumba de mi amigo. Una vez cuando estaba borracho, le había hecho una promesa. Viajaría a su tumba, miraría al cielo y diría, "No te preocupes, Antonio, ya les arreglaré las cuentas." Pero nunca lo hice, porque tuve que someterme a un examen físico en Alaska y esa vez el truco falló. Me dieron de baja. Por fin me habían descubierto. Desde Seattle, tardé seis meses en llegar a mi casa y todo el tiempo lo pasé borracho.

Después de licenciarme del ejército, el primer empleo que conseguí fue como trabajador en el gasoconducto. Un día, con dos compañeros, llegué tarde. El capataz me insultó y le di un golpe con un madero. Me sentenciaron a cumplir nueve meses en la cárcel municipal y no me importó. Estaba lleno de odio y tenía deseos de causar perjuicio.

Al ser puesto en libertad, empecé a trabajar como dinamitero. El hombre con quien trabajaba era bebedor también, y un día cargamos un hoyo con una cantidad excesiva de dinamita, y la explosión rompió los cristales en un radio de una milla, y tuve que dejar el empleo.

Entonces, toqué el verdadero fondo. Un juez me condenó a cumplir diez años en prisión. Me dijo: "Usted no vale para nada, ni para la sociedad ni para usted mismo." Y no me importaba. Al entrar por la puerta de la prisión, la llamé La Casa Grande del Odio, y por estar lleno de odio, estaba donde me correspondía estar.

No dejé de beber en prisión. Me asignaron un trabajo en la panadería donde hacíamos nuestro aguardiente casero. Y lo único que me evitaba volverme loco por el odio y la amargura era ir al gimnasio y hacer levantamiento de pesas. Pasados quince meses, la Junta de Clasificación me trasladó a la granja correccional. Había trabajos de jardinero que hacer y mi experiencia con la excavadora me hacía de utilidad. Recuerdo que el ministro me decía: "Tomás, tienes un problema alcohólico. Cuando llegues a la granja, investiga A.A." Me gustó la forma en que me lo dijo. No me dio una orden, sino una sugerencia.

El día antes de irme para la granja, estaba en el comedor y un tipo, dándome un golpecito en la espalda, me preguntó si acaso tuviera un hermano en S......; le dije que sí. Me preguntó si mi hermano tenía una hija de nueve años; y otra vez le respondí que sí. "Ya no," me replicó. "Ayer por la tarde murió atropellada por un coche manejado por un borracho." Así te dan las noticias en prisión. Fui a la panadería, llené una jarra con aguardiente y me emborraché. Pregunté a Dios por qué quitarle la vida a una muchacha y no a un despreciable como yo. No pude entenderlo, así que me quedé allí sentado, bebiendo.

Dije: "Si el que la atropelló llega aquí, ¡lo mato!"

El lunes por la mañana me fui con resaca para la granja y el jueves de la misma semana asistí a mi primera reunión de A.A. Había tres oradores de afuera. Oí hablar al primero, pero a nadie más — después de Bernardo. Volví a mi dormitorio

y me senté diciéndome: "Y tú, tienes lástima por ti mismo —
y ¿qué de Bernardo? No sólo tiene un problema alcohólico,
sino también está casi completamente ciego. Tú por lo menos
tienes un ojo bueno." Después de esto, asistía a todas las
reuniones de A.A.

Ocho o nueve meses más tarde, un día al volver del trabajo, se me acercaron un par de compañeros y me dijeron:
"Tomás, ese tipo está aquí." Sabía a quién se referían — al
hombre que mató a mi sobrina. No fui a mi habitación, sino al
edificio donde llegan los nuevos, y podía sentir escalofríos por
todo mi cuerpo. No sabía qué iba a pasar, ni qué iba a
hacer yo.

Crucé el umbral del salón grande. Nunca había visto a ese
hombre, pero lo pude identificar. Estaba de pie al otro lado de
la sala. Me acerqué, lo llamé por su nombre, y él dio la vuelta
y me miró a los ojos. No sé lo que me pasó aquel momento,
pero al mirarle a los ojos, pude ver todo su dolor y confusión
y no pude más que extenderle la mano y decirle: "Juan, bienvenido a la granja." Y nos hicimos amigos.

Yo participaba muy enérgicamente en A.A. y me ofrecí
como voluntario para terapia de grupo. Cuando la terminé,
un siquiatra me dijo: "Tomás, ¿tú te das cuenta de lo que has
estado haciendo todos estos años? Has estado huyendo. Dentro de poco habrás cumplido suficiente tiempo para que te
consideren para la libertad condicional. Si te la conceden,
únete a los A.A. y, muy en serio. Si te quedas al margen, no
tendrás éxito y pronto volverás aquí."

Fui puesto en libertad condicional. Y te puedo decir que
si no hubiera asistido a aquella reunión y no hubiera oído
hablar a Bernardo, ni me habrían dejado salir — si yo era
todavía como cuando llegué a la prisión.

Volví a casa creyendo que no me iban a aceptar los A.A.
de afuera porque tenía antecedentes penales, pero no fue así.
La primera noche, recuerdo subir por las escaleras de la iglesia
preguntándome: "¿Qué haré si esta gente no me acepta?
¿Debo entrar no obstante, o volver a casa?"

Abrí la puerta y entré a la sala. Justo a la entrada, un hombre me preguntó: "Tomás, ¿dónde has estado?" Hacía veinticinco años que no me había visto. El segundo en extenderme la mano era un hombre que había servido conmigo en el ejército hacía más de veinticinco años. ¡Qué gran emoción sentí! No me lo podía creer.

Durante los tres meses siguientes, asistía todas las noches a las reuniones de A.A. Ha sido para mí en todo una nueva manera de vivir. Nunca he visto tanto amor ni a gente tan maravillosa. Y siempre creeré que el hombre que me iniciaba en esta nueva manera de vivir era Bernardo, un individuo que ha dado tanto a los encarcelados.

Aunque dejé la escuela en el tercer año de la secundaria, sé que tengo un diploma porque, gracias a Bernardo y A.A., me gradué del Instituto de la Dura Experiencia. Ahora mi objetivo es hacer mucho trabajo institucional, no para contar mi historia, sino para decirles a los presos que serán aceptados, como yo fui aceptado, en A.A.

T.M., Conn.

Las sombras tienen cara

Hace unos 2300 años un pensador griego escribió una parábola, *La imagen de la cueva*. Compara los seres humanos con prisioneros encadenados en una cueva, de espaldas a la luz, que confunden las sombras que aparecen en la pared con la realidad. Desde la época de Platón, muchos escritores han pintado a los reclusos de forma alegórica como "la gente de las sombras." En cuanto a los alcohólicos, esta imagen es falsa, ya que muchos años antes de que nuestra incapacidad para captar la realidad nos condujera a la prisión, ya estábamos encadenados, de espaldas a la luz, confundiendo las sombras con la realidad.

No sólo encontré en prisión mi liberación de las trabas del resentimiento, del egoísmo y de los prejuicios, sino que allí llegué a darme cuenta también de que las sombras que perseguía en vano en mi búsqueda alcohólica del amor, del reconocimiento y del sentimiento de pertenecer no son más que imágenes proyectadas y sin vida de los hombres y mujeres reales que me esperan con un vivo deseo de darme la realidad de la hermandad, de la cual las sombras son solamente deformadas representaciones — de dármela entibiada por el aliento de la vida, animada por el latir de sus corazones.

Tres años y nueve meses he pasado bajo la custodia del Departamento de Correcciones de California, convicto por un grave delito. No soy ingenuo; ya he cumplido tres condenas anteriores. Entré en San Quintín como reincidente, con antecedentes penales que hacían de cualquier esperanza de libertad condicional la sombra de una sombra. Se habían coagulado el pasado, el presente y el futuro, atascando la arteria de la vida y quitando esperanza al corazón. Lleno de odio para con todos, no podía ver más que odio para conmigo en los ojos de la sociedad, y me decía a mí mismo: "T.W., estás muerto. No tienes la más remota posibilidad de salir liberado." Pero en un entonces había sido abogado, e iba afilando mi espada del desquite. Me convertiría en picapleitos carcelario y conseguiría la liberación de presos basándome en cuestiones de forma jurídica. Fue una afrenta devastadora saber que a los tribunales de California no les importan tanto los detalles técnicos; que su perspectiva es de mayor amplitud y se interesan más en que se cumpla la justicia de forma sustancial. Mi impotencia era la del animal atrapado, sin garras, sin colmillos, sin ingenio.

Un hombre que se ve despojado hasta que le queda sólo su alma desnuda, se siente avergonzado y temeroso ante Dios. Empecé a rezar una antigua oración, oración que los que se han traicionado han venido rezando desde el comienzo del mundo: "Dios, si no me levantas del abismo que he creado para mí mismo, moriré." No era una conversión — sólo una oración inarticulada de un hombre que había tocado fondo.

Pero dentro del abismo empezaban a suceder cosas. Los sicólogos y sociólogos me evaluaron. "Tú eres alcohólico. Debes unirte a Alcohólicos Anónimos." ¿Para qué? Estaba amargado. No podía conseguirme un trago. "Debes inscribirte en un curso por correspondencia para perfeccionar tu aptitud como escritor." Eso fue "el golpe más cruel de todos." Había intentado escribir cuentos en otras prisiones, pero mis protagonistas siempre carecían de vida. Ese consejo era una forma sutil de tortura que reemplazaba a los palos y los látigos de otras prisiones.

Pero mi muda oración a Dios empezaba a tomar forma. Ahora rezaba así: "Dios, concédeme el don de escribir." Pero no escribía. No quería ser lastimado, rechazado otra vez. Entonces, un día se me ocurrió que el estado de California no iba a gastar dinero para transformar a un borracho de los barrios perdidos en un tonto. Ya era yo el campeón mundial de los tontos. Así que me inscribí en el curso (pagado por el Departamento de Correcciones); me uní a A.A.; volví a asistir a los servicios religiosos. Era incluso uno de los afortunados que fueron escogidos para pasar un año en sicoterapia intensiva. Empezaba a darme cuenta de que el alcoholismo no es sino un síntoma de una enfermedad emocional. Empezaba a vender mis cuentos . . . no sucedió de golpe — Dios pone cuidado al remodelar su barro. Un tonto quebradizo tiene que derramar algunas lágrimas para humedecerse antes de ser rehecho. Durante un período de tiempo esto iba sucediendo.

Tardó tres años y nueve meses en llegar. Ahora estoy para salir en libertad condicional.

Durante los últimos dos años he vendido una novela del Oeste a una editorial que la publicó en rústica, y 24 cuentos a revistas religiosas. Tengo la prueba de que Dios, como nosotros Lo concebimos, responde a nuestras oraciones.

¿Las trabas? Se han convertido en herramientas para construir una nueva vida. Los resentimientos han sido sublimados; el egotismo ha sido reemplazado por el auténtico Ego — el "Yo Soy" que es Dios como yo Lo concibo; los prejuicios desaparecen cuando nos damos cuenta de que todo y todos son partes integrantes del plan de Dios. Cambiarlo sería sustituir la voluntad de Dios por la mía.

Incluso me gustan los oficiales de la prisión. Hace más de un año que no me he referido a ellos utilizando los acostumbrados apodos despectivos. Por la compenetración, puedo ver que son, en sus actos oficiales, más clementes, menos severos, más justos de lo que yo fuera con mis semejantes. De hecho, espero adquirir la amplitud espiritual que tienen muchos de los oficiales que conozco. Porque la persona que puede guiar a los ciegos hacia la luz, a pesar del odio que su ayuda puede suscitar al comienzo, tiene sin duda amplitud espiritual. Y por fin penetró en mi dura cabeza el hecho de que, si no fuera por la insistencia de los oficiales carcelarios, ningún reincidente sería puesto en libertad condicional. El ciudadano medio no tiene suficiente experiencia, basada en pruebas repetidas, como para mirar más allá de mis antecedentes penales y mis primeros enredos y poder ver las posibilidades que tengo para hacer bien . . .

Pronto saldré. Las sombras que antes llenaban mis manos inseguras con vaciedad, las he dejado atrás. Voy andando hacia la luz. Hay miles de hombres y mujeres de A.A. que son reales — que con gusto intercambian conmigo espíritu y corazón. No tengo que hacer más que acercarme y ofrecerme a ellos y en este alegre emporio de intercambios hay sobriedad y sano juicio — amor, reconocimiento y un sentimiento de pertenecer.

Esto es lo que significa salir de la prisión — cualesquiera que sean las barreras que separan al alcohólico del amor. Porque estos muros son nada más que símbolos de las piedras que amontonábamos con nuestras propias manos egoístas para que los otros no vieran nuestro verdadero ser. Con la Ayuda de Dios como nosotros Lo concebimos, los muros se derrumban — como los de Jericó. Espero con ansia poder llevar este mensaje a otros y ayudarles a salir de las sombras de la irrealidad y bañarse en la luz solar, donde las sombras tienen caras — caras amistosas.

T.W., Los Padres, Calif.

Escucha la advertencia — la súplica de un reincidente

Es probable que los que vuelven a la prisión tengan la más brusca comprensión de que no se puede tomar a la ligera la repetida advertencia de asistir asiduamente a las reuniones. Es la esperanza de quien escribe que tú no tengas nunca esta experiencia. Aquellos que tienen la experiencia de A.A., dentro y/o fuera de la prisión, y que reinciden o no cumplen las condiciones de la libertad condicional, si vuelven con una nueva resolución, tienen una gran ventaja sobre los que, aunque fracasan por las mismas razones, aparentemente no están dispuestos a admitirlo. Al "recaído" A.A. se le ha inculcado repetidas veces que es impotente ante el alcohol. Tiene el ego cruelmente herido; no obstante, entre las ventajas están las herramientas que tiene a su disposición con las cuales puede empezar enseguida a reconstruir su vida. Los Doce Pasos están siempre a fácil alcance.

Mi caso se parece a muchos otros. El asistir a las reuniones no llegó a ser de poca importancia hasta que no creí tener un total *dominio* de A.A., y saber todo lo que había que saber acerca de A.A. Entonces era muy fácil zafarme de la responsabilidad de una visita de Paso Doce. Para no aburrirte, pasaré por alto los detalles monótonos y te llevaré conmigo a la boda donde yo estaba totalmente convencido de que "puedo tomar un poco — y después dejarlo." Hacía tiempo que mi halo me apretaba. Pero en estos días, no es nada difícil mantenerme alejado de los bares, ya que esta preciosidad de analfabetismo que lees, se origina en lo que un columnista recientemente llamó: "el lujo de una prisión norteamericana."

No voy a contarte mis penas. No me siento resentido con nadie. Creo firmemente que "lo que pasa es lo que debe pasar," y el sendero por el que me dirigía al comienzo sin duda podría haberme conducido a un destino más funesto. Según parece ahora, lo único que tengo que hacer es volver al punto en que el cable se rompió y unirlo bien con la parte que resistía la tensión.

De lo que más me arrepiento — y creo tener derecho a arrepentirme de una cosa— es de que pudiera haber evitado esta situación si hubiera seguido asistiendo a las reuniones. Pero, ya te dije que no iba a contarte mis penas, ¿verdad?

Aquí me parece apropiado reconocer la consideración que tiene la Administración Carcelaria de California con los presos que buscan una nueva manera de vivir por medio de A.A. Cada semana nos visita un grupo de afuera, y todos esperamos estas reuniones con entusiasmo. Varios grupos contribuyen con su tiempo y energías para hacer el viaje que, para algunos, es de gran distancia. A menudo, algún orador, con una clara manifestación de alivio, se refiere a lo poco que le faltó para ser uno de nosotros. Algunos de estos grupos generosos nos traen ejemplares del Grapevine, que son una fuente de información y diversión para el creciente número de miembros aquí.

Quienquiera que seas, dondequiera que estés — si hubiera algún dictado en A.A., sería: Es correr un gran peligro el no asignar asiduamente y sin reserva una cantidad razonable de tiempo para asistir a las reuniones, el no hacer el trabajo de Paso Doce y el no participar en las actividades sociales del grupo. Sin miedo a que nadie me contradiga, afirmo que siempre es peligroso para cualquier miembro dejar de participar.

No tengo la menor intención de hacer de este escrito un melodrama. No está motivado por un exceso de autoconmiseración; la sencilla verdad es que, si no hubiera dejado que mi forma de pensar se deformara hasta el punto en que menospreciaba la importancia de A.A. para mi vida, no habría trocado nunca una vida feliz y despreocupada por la nulidad de ser una cifra más entre miles. Después de dos años de sobriedad ininterrumpida en el área de San Diego, me tropecé, y bien. Sea lo que fuere, no me siento desanimado.

Vuelvo a empezar con el Primer Paso y, con la ayuda de mi Amigo, esta vez tendré éxito. Si esta franca revelación de lo que, más que cualquier otro factor, me hacía fallar, ayuda a un solo miembro a enderezar sus pensamientos y le da el impulso para superar el obstáculo siempre amenazador, me consideraré bien compensado por haberlo puesto por escrito.

Tu amigo anónimo
Folsom Prison, Calif.

"Nunca volveré como convicto a la prisión"

El día en que salí por las puertas de hierro de la Prisión Folsom, me hice una promesa: "Nunca volveré como convicto a la prisión."

Esa noche, el 18 de enero de 1971, asistí a mi primera reunión de A.A. como miembro de "afuera." Cuando entré en la sala de reunión en San Francisco, mucha gente se me acercó extendiéndome la mano, diciendo, "Me llamo......," tratando de hacer que me sintiera bienvenido. Huelga decir que en mi primera noche afuera me sentía muy nervioso. Conocí a muchas personas que me decían, "Sigue viniendo."

El miércoles, 20 de enero de 1971, subí en un avión con destino a Los Angeles. Cuando llegué allí, mi padrino y su esposa me estaban esperando. Me acerqué a él y le estreché la mano, nos saludamos. Recogimos mi equipaje y nos fuimos a Los Angeles para una entrevista con mi antiguo patrón. Entré en su oficina y me dijo: "No puedo darte empleo esta semana." Pero, ¡ellos me habían prometido que tendría un trabajo el día en que fuera puesto en libertad!

Volví al coche y dije, "No tengo trabajo." Todo lo que tenía era la ropa con que iba vestido y 40 dólares. Pero sabía que si bebía la situación empeoraría. Me quedé con mi padrino y su esposa. Fuimos en coche a Pomona donde paramos para comer y después a la casa de mi padrino.

Telefoneé al encargado de libertad condicional asignado a mi caso para hacerle saber que estaba allí, y a un amigo para quien había trabajado en el pasado. Me dio un trabajo a $2.00 la hora. Esto significaba que podría contar con algún dinero.

Aquella noche, asistimos a la reunión del grupo para hombres de Pomona. La reunión me hizo sentirme muy bien. Conocí a mucha gente buena, tomé parte en algunas buenas conversaciones de A.A. después de la reunión. Luego, mi padrino y otro miembro me llevaron a un hotel donde podía alojarme.

El jueves, 21 de enero, mi padrino vino al hotel y me llevó al trabajo. Cobraba diariamente, y así me las podía arreglar.

Esa noche, fui a una reunión en Pomona. La coordinaba mi padrino. Pidió al grupo permiso para ofrecer a alguien recién liberado de la prisión el tiempo asignado a él para hablar. Ellos respondieron que sí. Hablé unos 20 minutos. A todos les gustó lo que tenía que decir. Después de la reunión muchos miembros me apretaron la mano y hablaron conmigo. Empezamos a conocernos. Otra vez, me sentía muy bien.

Así me inicié en A.A. en el Sur de California. Salí de prisión con la intención de no volver allí y de no beber. Seguía asistiendo a las reuniones, esperando encontrar un grupo en que pudiera sentirme en casa. Y me sentía así en el área de Pomona.

Entonces, me puse a hacer todo lo que pude para comprarme un coche o una motocicleta para ir al trabajo. Pero no tenía dinero ni crédito. Y, considerando que cobraba dos dólares por hora, ¿quién iba a venderme un coche? Pero no volví a beber. La bebida no me iba a ayudar, así que no me preocupaba por beber.

Entonces, una amiga mía habló con su jefe, diciéndole que

nadie quería darme un trabajo porque acababa de salir de la prisión. El le dijo que yo viniera a verlo. Lo hice; hablé una hora con él y, el 1 de febrero de 1971, empecé a trabajar para esa compañía grande con un sueldo de $2.20 por hora. (A propósito, esa amiga era miembro de A.A.) Mi primer trabajo era limpiar el local, y me esforzaba por hacerlo mejor que nadie. Pasadas dos semanas, mi supervisor me comentó: "Renaldo, eres un trabajador magnífico." Me aumentaron el sueldo en diez centavos.

Luego, un amigo me ayudó a encontrar un apartamento hermoso. Cosa curiosa — hacía ya 31 años que no había pagado alquiler. Me había alojado con otros o con mi familia, había vivido a expensas de mujeres o de hombres, o de lo que fuera para desenvolverme. Y ahora tenía un trabajo nuevo, un apartamento. ¡Qué bien me sentía! Liberado, sobrio, con muchos amigos. Libertad para ir a cualquier reunión que quisiera, cuando quisiera, comer lo que quisiera. Era estupendo.

Y luego sucedió otra cosa. Una mujer me vendió un Chevy, modelo 1964, por 50 dólares. A la primera esquina que doblé, un policía me paró y me puso una multa tan larga como mi brazo. No estaban funcionando los indicadores del cambio de dirección y de frenos, ni uno de los faros. Fui a casa. Lo que en ese momento me pareció extraño fue no sentirme resentido por la multa. El policía, me dije, simplemente estaba haciendo su trabajo, como yo hago el mío. Eso era honestidad, que se me dio como regalo en A.A.

Un día fui a la mejor tienda de ropa de caballeros de Pomona y abrí una cuenta.

Seguía trabajando. Mi jefe me decía que seguía haciendo un buen trabajo. Me asignaron a un nuevo puesto con un aumento de sueldo de 57 centavos por hora.

Entonces, un día, sonó mi teléfono. Era una muchacha a quien conocí una noche en Reseda. Habíamos pasado mucho tiempo juntos. Me dijo que quería verme y fui a verla.

La siguiente maravilla — nos casamos. Tuvimos una boda hermosa. Somos muy felices.

Todavía asisto a reuniones en Pomona, Los Angeles, Reseda, Ontario, Chino y Claremont. Hablo cuando se me pide que hable y hago lo que puedo hacer para ayudar al que ande por el mismo camino por el que andaba yo. Me hace sentir bien ir a las reuniones acompañado por mi esposa. Además, cuando tengamos hijos, trataré de aplicar este programa a su vida (si así lo quieren). Estoy convencido de que, según vayan creciendo y se den cuenta de lo felices que son su padre y su madre, querrán compartir sus vidas también con la buena y comprensiva gente de este programa sencillo y bello.

Aquí estoy, todavía sobrio. Soy todavía participante en el programa. Todavía sincero. Y estoy todavía felizmente casado.

Ahora tengo un T-Bird, 1965, rojo como el fuego (y casi pagado). Tengo crédito en todas partes. Tengo una esposa muy comprensiva y muy hermosa. Tengo una residencia mejor. Vivimos en un remolque habitable de amplias dimensiones. Y tengo muchísimos amigos en el programa.

Ahora me doy cuenta de por qué antes no me salió bien. Intenté hacerlo a solas. Por ello, volví a la prisión. Ahora, *nosotros*, como grupo, con la ayuda de Dios, podemos tener éxito y lo tendremos. Por esto estoy muy agradecido. Y les doy las gracias a todos los A.A. Me han dado una nueva vida. Todo lo que tengo se lo debo a A.A.

Gracias por haber escuchado mi historia — la de un ex preso y su búsqueda de Dios, la de un hombre que trata de mantenerse sobrio y cercano a Dios.

R.E.L., Pomona, Calif.

La libertad

En el número de marzo (1959) del Grapevine aparece un artículo ("Una Queja Justa") escrito por un recluso de la Prisión Estatal de Massachusetts, quien nos plantea la pregunta a menudo considerada: ¿Por qué tener A.A. disponible en las instituciones donde, por lo general, el alcohol y las drogas no están a mano?

Aunque estoy de acuerdo con Raimundo en que se pueden conseguir drogas —y a veces bebida— detrás de los muros, me pregunto si, desde el punto de vista del alcohólico, esto no es un peligro de menor importancia. Buscaba en vano en el artículo alguna mención del peligro que me parece ser de mucha más envergadura; es decir, la borrachera mental o emocional, que se puede sufrir a toda hora en cualquier lugar. En cualquier caso, esa ha sido mi experiencia, y quisiera saber si hay otros...

En 1953 y 1954, cumplía una sentencia de 16 meses en una pequeña prisión del oeste donde no había programa de A.A. — ni ningún programa de tratamiento de ningún tipo... ni siquiera suficientes trabajos para mantener ocupada a más del 25% de la población carcelaria. Durante ese encierro, tomé la actitud de que solucionaría todos mis problemas el mismo día en que fuera puesto en libertad, y me puse a crear castillos en el aire.

No había nada que pudiera interferir en esos gratos ensueños que siempre giraban alrededor de mí. El resultado fue diecisiete meses de estancamiento. Diecisiete meses encarcelado sin un trago — pero me emborrachaba diariamente con la bebida embriagadora de mis fantasías y mis emociones.

Después de ser puesto en libertad, las condiciones reales del mundo libre resistían toda comparación con las bellas imágenes que mi ego engreído solía crear en la prisión. Volví a beber casi inmediatamente — sólo para suavizar lo más áspero de la realidad — y después de pasar unos escasos cuatro meses con mi esposa y mis dos hijos, me encontré de nuevo ante el juez — otra vez, falsificación de documentos. Otra vez, la fantasía.

Pero ese juez sabía que bebía y sabía de A.A. y, a pesar de mis antecedentes, me puso en libertad vigilada con una exhortación a asistir a unas cuantas reuniones por lo menos. Lo que siguió fue un apasionado noviazgo con A.A. que duró como un año. Me mantenía sobrio durante ese período, debido principalmente (todavía lo creo) a la sólida camaradería que se encuentra en los grupos de A.A. Yo no tenía necesidad de practicar los Pasos — eran para los débiles — pero me cuidaba de expresar tal opinión porque algunos de mis compañeros los consideraban de gran utilidad.

Parecía que la realidad y yo estábamos condenados a no coincidir nunca. Cuando me fui de ese primer grupo (considerándome como "graduado," por supuesto) me emborraché una sola vez. Pero la borrachera duró seis meses. Durante las últimas semanas de esa loca carrera, hacía un recorrido por el norte del país en un plan de "viajar ahora, pagarlo más tarde," de mi propia invención. El "pagarlo más tarde" me costó catorce meses en la Prisión de Wisconsin. Y actualmente estoy haciendo un pago parcial en una cárcel municipal del sur de Minnesota. Y todavía no se ve el fin; aún hay otras acusaciones pendientes. No obstante, cuando llegué a la Prisión de Wisconsin, algunas nuevas y extrañas dudas se habían metido en mis pensamientos. Empezaba a tener serias sospechas de que mi vida no estaba desarrollándose según un plan. No *es que tuviera* necesariamente ningún plan; pero la prisión no parecía encajar en ningún diseño racional.

Entonces vinieron 54 semanas de sicoterapia y la revelación de que había muy poco en mi vida que fuera racional. Al mismo tiempo, nuestras reuniones de A.A. de los domingos por la tarde empezaban a cobrar algún nuevo sentido. La combinación potente de A.A. y sicoterapia estaba facilitando mi regreso a la realidad.

Pero no era fácil la recuperación; a cada paso la resistía, retorciéndome y esquivándome, siempre buscando aquel acomodo. Pero, con el tiempo, llegué a enfrentarme a mí mismo — y qué desastre fue lo que vi. De súbito me era difícil siquiera vivir conmigo. Todo lo podrido y los engaños del pasado iban pasando en desfile por mi mente, y tener que admitir, por fin, que yo era quien había fabricado todos los dolores y tristezas del ayer, empezaba a agotarme. La acumulación constante de ese sentimiento de culpabilidad era lo que finalmente me derrotó. Una noche de soledad, los agudos remordimientos me trastornaban y, desesperado, recurrí a Dios, entregándole el desastre total, impotente, penitente, quizás por primera vez en mi vida.

Según recuerdo, no le pedí más que fortaleza, misericordia y perdón. Y aquella noche Dios hizo su gran milagro. Me concedió ese perdón y me hizo renacer con nuevas fuerzas que nunca sabía que existieran. Esa noche me acosté maravillado y caí en un sueño profundo.

Eso me sucedió hace quince meses y, desde entonces, no he pasado ni un día malo. Todavía estoy pagando las consecuencias del pasado: estoy todavía encarcelado. Pero se me ha quitado el castigo; y he vuelto a ponerme en contacto con mi Poder Superior. De esa experiencia, surgió una nueva y rara tranquilidad que no me ha dejado nunca. Ha desaparecido ese dolor extraño que sentía en el pecho, así como también la inquietud y el descontento.

Es absurdo creerse en libertad dentro de la cárcel o de la prisión, pero eso es precisamente lo que tengo. He conocido más libertad — me he sentido más liberado, o sea, he sentido la liberación — durante los pasados quince meses que en todos mis 32 años. Ya no hay temores ni dudas atormentadoras en mi vida y he encontrado la clave de la realización en los consejos que puedo dar y en los pequeños servicios que puedo prestar a mi compañero. Lo veo mucho más como un hermano desde que salí de mi cáscara y lo encontré luchando con los mismos problemas que me habían vencido a mí.

Esta, tal vez, sería una historia más completa si pudiera decirte que había recuperado también mi libertad física; pero me contento con dejarlo en manos de Dios. (Este mero hecho constituye para mí un milagro de paciencia.) He tenido además mis pequeños consuelos. Hay gente que se da cuenta de mi transformación y tengo nuevos amigos que están buscando remedios para que se abandonen las acusaciones pendientes. Mi sentencia aquí es sólo la décima parte de lo que debía haber sido. Y, finalmente, por primera vez en más de un año, tuve noticias de mi esposa y, por un milagro de fe, ella y mis hijos me están esperando. Ya sé lo que sentía el Salmista cuando escribía: "Mi copa llena..."

Habría sido, tal vez, una mejor historia de A.A., si no hubiera tenido necesidad de la ayuda de tanta gente ajena a A.A. No obstante, la sicoterapia, el asesoramiento espiritual y el ánimo que me han dado muchas personas muy apreciadas de la Prisión Estatal de Wisconsin — todos desempeñaron un papel en la transición de borracho a sobrio. Todavía me maravilla poder reflexionar sobre mis experiencias en prisión y tener recuerdos agradables de mi estadía allí, debido a la gente que se interesaba en mí.

Por medio de la terapia, descubrí muchas nuevas verdades, empecé a hacer mi inventario y me encontré felizmente como principiante en el programa de A.A. Aunque me habría molestado si alguien me lo hubiera dicho en aquel entonces, era verdad que me uní a nuestro grupo carcelario de A.A. con la esperanza de causarle una buena impresión a la junta de libertad condicional. Ya no me puedo engañar más — y el ansia de causar buena impresión a otra gente se va desvaneciendo.

Siempre hay peligro de una borrachera emocional, pero ahora las veo tales como son: son el preludio de una auténtica borrachera. Me queda una sola herramienta que me puede proteger contra la una y la otra, un solo método que aborda el problema desde tantas perspectivas como aspectos tiene la personalidad humana — Alcohólicos Anónimos. Y me uno a Raimundo, y a otros miles como nosotros, que reconocen con gratitud la gran importancia de A.A. en prisión.

La terapia contribuyó a corregir un grave trastorno de la personalidad, pero queda una debilidad inherente de carácter; mientras las facultades mentales se van sanando, la parte física es todavía un borracho en potencia.

Los esfuerzos que he hecho para difundir las buenas nuevas acerca de A.A. aquí en la cárcel municipal han dado un nuevo significado a la condena que cumplo. Y otro consuelo más; se ha promulgado una orden judicial que me permite asistir a una sesión intergrupal que tendrá lugar en esta ciudad, y voy a hablar ante este grupo. Y si algo se oirá contar, será la historia de cómo la mano quieta de Dios intervino en mi vida y cómo Le entregué mi vida cuando Su verdad me liberó. Esto es Dios — como yo Lo concibo.

Merv K., New Ulm, Minnesota

Hacer las cuentas

Una muchacha que encontró A.A. en prisión escribe a su madrina "de afuera" unas cuantas semanas después de ser puesta en libertad.

Querida Juana,

    Te voy a escribir esta carta y tratar de aclararme mis ideas según la vaya escribiendo. Quiero compartir estos pensamientos contigo. Acabas de recibir tu regalo (medio litro de whisky sin abrir) que te mando junto con esta carta. En el momento en que te escribo, la botella está encima de mi tocador al lado de mi champú y mi colonia. Es del mismo color que el champú y para mí no tiene más significado del que tiene la botella de champú.

Lo tenía cuando la compré. Dentro de mí estaba temblando y volvía a sentir aquella tremenda presión en mi cerebro. Miré por la vitrina de la tienda para ver si alguien me habría visto comprarla. Me sentía tan culpable que, si un policía me hubiera arrestado por quebrantar la ley, no me habría resistido a acompañarle y, sin reservas, me habría declarado culpable. Por supuesto, comprar una botella de whisky el sábado por la noche no va en contra de la ley del país. Pero va en contra de "la ley de A.A.," y no es la voluntad de Dios el que me emborrache; no está de acuerdo con tus principios ni los míos.

La compré para hacerme una prueba. Quería saber qué efecto tendría en mí si la bebiera. ¿Sufriría de los delirium tremens? ¿Me quedaría en casa? o ¿saldría para rondar las calles? ¿Sacaría de mi maleta el manuscrito de mi novela? — hace meses que no lo he leído ni he añadido al texto siquiera una palabrita. O, ¿iría a tu piso para decirte, "¿Ahora qué piensas de mí? Siempre me dices que soy una buena persona y que tienes tanta fe en mí . . . ¿Qué te parece esto?" ¿Lloraría por José? ¿Iría a la bolera a buscar a Román? ¿Podría parar de beber?

Si no me la bebiera, quería saber por qué. Según lo escribo, me doy cuenta. La dejé envuelta unos quince minutos tirada en la cama. No le prestaba ninguna atención mientras arreglaba la ropa en mi armario. Entonces la saqué de la bolsa, me senté en una silla y la miraba fijamente, leyendo la etiqueta. Me decía: "Fíjate en esta pequeña tal y tal. ¿Cómo podría dejar que esta botellita de líquido se apoderara de mi vida y de mí misma? No es nada. Yo soy algo. Soy un ser humano con motivos para creer que seré una buena persona. Esta botella tiene el poder de convertir a la gente en cobardes llorones. Ahora que conozco su jueguito la puedo superar. Puedo salir ahora mismo y darle a esa gente el conocimiento y el poder que necesitan para dejar de beberla por el resto de sus vidas. Aquí soy yo quien manda y te mando al diablo."

Me puse de pie y la puse en el tocador. Prendí la luz y dejé que me bañara la cara. Me miré un buen rato en el espejo. Veía las presiones que había sufrido enferma durante la semana pasada, la gripe y la fiebre, la nariz hinchada — pero podía ver mucho más. Ojos que miraban al mundo con bondad y buena voluntad. Veía que la amistad de los miembros de A.A. había obrado una gran transformación en la expresión de esa cara; parecía que los labios podrían sonreír en cualquier momento. Antes eran tan fríos y severos.

Me senté en una silla e hice la cuenta, la cuenta personal. Es así:

1. Juanita B. me ofreció más que el apadrinamiento. Me ofreció su amistad. No tenía que hacerlo, pero lo hacía porque yo le gusto, ella tiene fe en mí y se preocupa por mí.

2. Elena M. está orgullosa de mí, se toma la molestia de hablar conmigo en las reuniones. Me invitó a la boda de su hija. Nadie ha tenido nunca conmigo tan delicadas atenciones. Y yo iré.

3. Rosa D. y yo nos estamos haciendo muy amigas.

4. Víctor B. me dice: "sigue haciendo el buen trabajo," y me estrecha la mano.

5. Carlos M. dice que tengo A.A.

6. Alejandro V. se deshace por darme ánimo en las reuniones y me tiene verdadero afecto.

7. Margarita B. me invitó a compartir su casa.

8. A Juan H. le gusta pasar el tiempo conmigo.

9. Francesca P. y Eugenio R. con el paso de tiempo serán mis amigos.

10. Tengo la oportunidad de hacer realidad un sueño de Juanita. Esta bendición debe colocarse en segundo lugar de esta lista. Puedo volver a la Prisión para Mujeres de Indiana como oradora, madrina y ejemplo y ayudar a las muchachas allí y contribuir a compensar a Juanita por las penas y dolores que ella ha soportado los últimos tres años.

11. Después de tres semanas en mi nuevo empleo, me ascendieron a camarera jefa. Hago un buen trabajo allí.

12. Soy muy trabajadora y, en mi día libre, me levanté

temprano y fui a Champaign, Illinois, para tratar de ayudar a Juanita B.

13. He asistido a tres, cuatro o cinco reuniones cada semana celebradas por seis diferentes grupos de A.A. para captar así el mensaje lo mejor posible para ser un miembro eficaz y devolver lo que se me ha dado.

14. Ahora sé lo que es el amor cristiano entre personas. El Arzobispo Sheen habla acerca de ello muchas veces, pero yo no podía creer en tal cosa. Ahora conozco este amor.

15. He practicado los primeros siete de los Doce Pasos y dejo a Dios que disponga de mi vida como más le complazca. El está haciendo un buen trabajo.

16. Estoy contenta de vivir en una sola habitación. Mi felicidad tiene poco que ver con mis posesiones materiales.

Lo anterior es la lista de lo mejor que me ha sucedido desde que fui puesta en libertad hace 31 días. ¿Cómo podría esperar más u ocuparme de más de lo que ahora tengo?

Antes de empezar a escribir esta carta, fui al armario para buscar mi pijama. De repente dije: "Padre, cuídame. Ayúdame a hacer lo que Tú quieres que haga."

Juanita, El lo hizo.

Tu amiga,

Dorotea
Indianapolis, Indiana

Ya no soy un farsante

Cada vez que leía el Quinto Capítulo del Libro Grande, dos palabras saltaban de la página: "rigurosa honradez." Podía entender lo que significaba el sencillo hecho de que, para tener éxito en este programa, un individuo tiene que ser honrado consigo mismo. Pero, ¿por qué agregar esto de "rigurosa"? De hecho, aparecen tres referencias a la honradez en la primera página del Quinto Capítulo.

Según iba esforzándome por practicar el programa y trataba de hacer aquel Cuarto Paso, por fin me di cuenta de por qué se recalca con tanto énfasis lo de la honradez. Sin ello, no se puede hacer ningún Paso ni trabajar en ningún aspecto del programa con éxito alguno.

Para explicar el efecto que esto ha tenido en mi vida, quisiera contarles una historia a los reclusos que ya son miembros de A.A. o que están considerando la posibilidad de unirse a un grupo. Cualquiera que sea la posición o "categoría" del recluso en la prisión, existe un "código de ética" implícito que constantemente influye en las decisiones diarias. Pocos días pasan en la prisión (o en el mundo libre) en los que un individuo no se vea enfrentado con la alternativa de ser honrado o no serlo.

Trabajo aquí como dibujante y arquitecto proyectista. Tengo a mi disposición todo tipo de gráficos técnicos y materiales de dibujo. Quería tener algo que pudiera producir algunos beneficios con qué sostenerme, y decidí convertir un pasatiempo artístico —el diseño de tarjetas de felicitación— en empresa lucrativa. ¿Quién podría estar en mejores condiciones para montar un negocio de este tipo? Una de las razones por las que escogí esa actividad era porque tendría casi un monopolio. Podría comprar algunos materiales a precio reducido para elaborar mis tarjetas artísticas — lo cual se exige que hagamos los que queremos hacer un trabajo así en la celda. Los demás materiales me los facilitaría el estado mientras estuviera trabajando. ¿Por qué no? El estado no iba a ir a la quiebra por cubrir mis gastos. Mi disculpa era que yo hacía un buen trabajo para ellos, jornada completa, cinco días a la semana — ¿Por qué no "tomar prestados" algunos materiales? Más o menos al mismo tiempo, empezaba a "politiquear" en el programa de A.A. aquí (era en aquel entonces tan falso como un billete de tres dólares) y me las arreglé para reunir suficiente apoyo y votos para ser elegido como secretario.

En ese punto se estropeó toda la maquinaria. Como "tipo importante" de uno de los grupos de A.A. más grandes del Departamento de Correcciones de Texas, decidí empezar a leer algunos de los libros y folletos del programa. No quería pasar vergüenza por no poder responder inmediatamente a cualquier pregunta que me hicieran.

Bueno, la mayoría de ustedes ya saben el desenlace de la historia — el programa me enganchó. Día y noche luchaba conmigo mismo. Los domingos, me encontraba frente a 200 presos o más, diciéndoles que A.A. era un programa honrado, y yo todavía no podía ser honrado conmigo mismo. No puedo decir exactamente cuándo me ocurrió, pero en cuanto vi el desacuerdo, tiré todos los artículos de contrabando que tenía en mi casa (es decir, mi celda, para aquellos de ustedes que no saben a lo que me estoy refiriendo). A menudo hablamos de deshacernos de esa pesada carga que llevamos sobre nuestros hombros. Les puedo asegurar que perdí 1,000 libras en aquel momento de la verdad.

Por supuesto, quería contárselo a todo el mundo. Fui a ver a tres amigos asociados del programa aquí y les dije lo que me había sucedido y lo bien que me sentía. Los reclusos tienden a ser desconfiados, y creo que la mayoría de aquellos a quienes decía esas cosas lo consideraban como una fase por la que estaba pasando. Y no me habría parecido extraño si así lo consideraran, ya que todos se daban cuenta de lo farsante que yo había sido.

No sé si esto fue mi despertar espiritual, pero sé que mi vida sin duda ha mejorado. Como resultado de lo que fuera, estoy ahora más contento con los demás y conmigo mismo, y practico el programa más "rigurosamente" que nunca.

Para terminar, puedo decirles a los reclusos principiantes en el programa de A.A. que el corazón del programa está en el Libro Grande de Alcohólicos Anónimos. En vez de quedarse allí sentados al margen del programa, consíganse un ejemplar de este libro y léanlo todo. Les alegrará haberlo hecho.

Stan, Texas

De repente, el programa cobró vida

Ya hace nueve años que conozco A.A. No recuerdo las circunstancias de mi primera reunión pero sé que tenía un problema con la bebida.

A la edad de 15 años, la bebida significaba tanto para mí que cuando mi novia tiró mi botella por la ventana del coche, me tiré del coche para salvarla sin siquiera pensar en que estábamos en la autopista viajando a unas 50 millas por hora. Por esa pequeña botella pagué con una pierna rota, una conmoción cerebral y una convalescencia de seis meses. En aquel entonces, no veía ninguna relación entre la bebida y lo que estaba sucediendo en mi vida. Ahora, puedo ver que mis problemas, así como mi forma de beber, estaban empeorando.

Tenía sólo 13 años cuando empecé a beber. A la edad de 15 años, físicamente, la bebida ya me estaba infligiendo pérdidas graves. A 16 años, me estaba metiendo en problemas con la policía. La gente me consideraba un muchacho bueno; pero cuando bebía era conocido como un muchacho con problemas, por no decir más.

Raramente me quedaba en casa. Estaba todos los días en los bares, y en lugares extraños a horas extrañas. Por ejemplo, si tenía ganas de comerme una sopa china a las dos de la mañana, pronto me encontraba en la cocina del restaurante chino del barrio, cocinando. La mayoría de las veces, la policía también me encontraba echando sangre por las heridas que tenía por haber entrado por la vitrina del restaurante. Esto la policía lo llama allanamiento de morada. Otra costumbre que tenía, si tenía necesidad de un trago y los bares estaban cerrados, era romper la vitrina de alguna tienda de licores y llevarme un par de botellas. La policía lo llamaba robo con fractura.

Después de haber sido arrestado unas seis veces, fue el parecer de los tribunales que era hora propicia de que yo cumpliera una condena. Me sentenciaron a tres años. Cuando llegué a la institución, al norte del estado de Nueva York, vi a mucha gente con quien me había asociado en mi barrio. No me había dado cuenta de que tenía un círculo de amistades tan limitado.

Mientras estaba en prisión, hacía lo mío y bebía diariamente. Tenía un buen trabajo, que me deparaba la oportunidad de fabricar la suficiente cantidad de aguardiente casero para que me durara durante mi estancia. Cumplí dos años de mi sentencia y salí no más sabio que cuando entré.

De alguna forma, me enteré de A.A. y decidí probarlo. La gente que conocí en las reuniones era muy simpática. Me gustaba lo que tenían que decir y cómo lo decían. No obstante, no estaba listo para rendirme. Creía tener algunas fiestas más que celebrar. Durante unos cuantos años, entraba y salía de A.A. como un péndulo. Cuando me sentía herido, solía recurrir a A.A. para dejar de beber un rato y aprovechar de los aspectos del programa que me gustaban. Cuando las cosas se ponían mejor, abandonaba a mis amigos del programa, olvidaba todo lo que pudiera haber aprendido y salía para buscar más heridas. Después volvía arrastrándome a A.A., pidiendo ayuda.

Siempre había gente de A.A. dispuesta para ayudarme. Pero no quería ayudarme a mí mismo. Aceptaba una parte del programa, el resto lo hacía como más me conviniera. Pasé tiempo en un buen número de hospitales y algunas cortas estancias en la cárcel durante ese período de vaivén. Me matriculé en la escuela y conseguí un buen trabajo en el campo de la medicina. Pero no me gustaba quedarme mucho tiempo en un empleo, porque no quería que la gente alrededor mío se enterara de mis costumbres de beber.

Durante esas rachas de "sequía," me metía en mi trabajo y participaba en las actividades de mi comunidad. Desempeñaba una función importante para un partido político y era delegado de un sindicato. Pero cuando llegaba la hora, lo estropeaba todo bebiendo. No me sentía digno del prestigio o del honor que acompañaban los puestos que tenía. No me conocía muy bien a mí mismo, y no me gustaba lo que veía de mí mismo, así que volvía a la botella.

Ahora sufría lagunas mentales con más frecuencia. Me desperté en la playa de Miami Beach con resaca e insolación, sin siquiera recordar haberme ido de Nueva York.

Llegué a la conclusión de que estaba loco, y que esta era la razón por la que A.A. no tenía efecto en mí. La gente del programa era muy simpática y yo quería ser uno de ellos, pero me di cuenta de que no podía ser honrado. Así pasé ocho años; con una docena de arrestos, media docena de extremaunciones, la pérdida de algunos coches y trabajos y un matrimonio que duró tres semanas. Ocho años después de ser puesto en libertad, me desperté ante un juez que me mandó a Sing Sing y por la noche en mi celda solía quedarme tumbado en la cama tratando de explicarme dónde me equivoqué de camino. Pasadas un par de semanas, me trasladaron a un lugar conocido por el nombre de "pequeña Siberia," la prisión más lejos de la ciudad de Nueva York y de mi casa.

Allí llegaba a saber acerca de la sobriedad. Disponía de mucho tiempo para conocerme a mí mismo. Me parecía que, en realidad, no era yo un tipo desagradable; de hecho, cuando no bebía era un tipo bastante amable.

Asistí a la reunión de A.A. allí y me sentí desanimado. Vi

a unos diez hombres contando chistes y divirtiéndose mucho. Hablé con el coordinador del grupo y le pregunté qué estaba pasando. Me dijo que esos hombres simplemente no se sentían parte de A.A. Estaban en prisión y, aun queriéndolo, no podían conseguir un trago. Le pregunté si podía compartir con el grupo.

Aquella noche, cuando hablé, A.A. cobró para mí un nuevo significado. De repente, todo el programa tenía sentido. Era como si otra persona estuviera hablando dentro de mí. Y lo que me salió de la boca, me sorprendió incluso a mí mismo. Además, parecía que a los hombres les gustaba lo que tenía que decir porque, en la siguiente reunión, me eligieron coordinador. Debido a que yo estaba metido en el programa, algunos de mis amigos decidieron probarlo. Cada vez empezaban a participar más presos. Establecimos una tesorería. Elegimos a un coordinador de programación, un R.S.G. (representante de servicios generales) y un secretario. Cuanta más gente tomaba una parte activa en el programa, más crecíamos. Algunos amigos de A.A. canadienses empezaron a visitar la prisión para ayudarnos en las reuniones.

El grupo iba creciendo — de 10 personas que se reunían una vez a la semana a 70 que se reunían dos veces a la semana. Iniciamos reuniones de Pasos y nos pusimos a estudiar las Tradiciones. Había muchos A.A. de afuera que nos ayudaban a conseguir literatura y que nos daban apoyo moral. Nuestros miembros, quizás por primera vez en su vida, sabían lo que era sentirse como parte integrante de algo — y de algo bueno y hermoso.

El mes de febrero pasado, celebramos nuestro primer aniversario de grupo con una asistencia de unas 200 personas. Los hombres del grupo dedicaron mucho tiempo a los preparativos para el evento. Yo también cumplí mi primer año en A.A. ese día. Sentí algo que nunca había sentido antes. Algo que no puedo explicar; sólo puedo decir que era eléctrico. En aquel entonces, llevaba un año sobrio. Sinceramente podía decir que me gustaba lo que veía dentro de mí. Por primera vez en mi vida, estaba agradecido por estar vivo, con la posibilidad de pensar y planear, con un conocimiento de lo que trataba la vida, con la capacidad para amar y ser amado. No quiero olvidar nunca el compartimiento manifestado por todos los presentes en esa reunión. Cuando las cosas se pongan tristes, podré avivar los recuerdos de aquel día y sacar nuevas fuerzas de lo que se sentía en todas partes de la sala.

Salí de la prisión el mes pasado, integrado a un programa de trabajo-en-libertad. Voy a mi trabajo cinco días a la semana y por la noche asisto a reuniones de A.A. Los fines de semana voy a casa para quedarme con mis seres queridos. Puedo apreciar hoy día a los que quiero. Me levanto por la mañana y doy gracias a mi Poder Superior. Tengo ahora una línea abierta de comunicaciones con El y puedo llamarle no sólo para pedir ayuda, sino también para expresar mi gratitud.

Me gusta la sobriedad. Me gusta ser una parte de A.A. Estoy agradecido por haber tenido otra oportunidad de aceptar lo que A.A. tiene que ofrecer. Sé lo que significa estar agradecido. Siempre me consideraré como una parte de ese grupo de A.A. de esa prisión del norte. Para enseñármelo, era necesario el compartimiento generoso de una pandilla de convictos. Y estoy agradecido por esto también. Espero volver allí algún día para compartir con otros que pueden ser menos afortunados. Me doy cuenta de que, para mantenerme sobrio, tengo que compartirlo. No me puedo imaginar una forma mejor de hacerlo que la de devolvérselo a los encarcelados en nuestras prisiones, porque ellos desempeñaban una parte importante en mi vida.

Les doy gracias a A.A., a Dios y a todos los A.A. en nuestras prisiones.

R.M., East Meadow, N.Y.

Adentro y afuera

Soy preso en una prisión estatal y miembro de Alcohólicos Anónimos. Llamamos a nuestros miembros aquí los "de adentro," y a todos los A.A. que no están en prisiones, los llamamos miembros "de afuera." A mi parecer, estos términos tienen también otro significado: se refieren a los dos aspectos de mí mismo, el "de adentro" y el "de afuera." El "de afuera" es el externo, el obvio o aparente, lo que los demás ven y oyen. El interno —"de adentro"— es lo que nadie conoce sino yo — mis pensamientos, sentimientos, temores, frustraciones e inquietudes, así como mis esperanzas, mis deseos, mis ambiciones y mi fe. Estoy seguro que se puede decir lo mismo respecto a todos nosotros.

Tengo 35 años, y esta es mi segunda experiencia de A.A. dentro de una institución correccional. No tengo intención de mencionar aquí todas las penas y las aventuras que tuve durante mi carrera de bebedor. No obstante, creo que vale decir que dicha carrera empezaba cuando yo era muy joven, como a la edad de nueve años. Cuando tenía 15 años ya había progresado grandemente hacia la condición de alcohólico hecho y derecho. No lo sabía, por supuesto, en ese entonces, ni lo sabría hasta siete años más tarde.

Supongo que era un alcohólico muy típico: extremadamente egoísta, con ambiciones perfeccionistas, sin capacidad para vivir a la altura de mis "normas." Tengo un cociente intelectual por encima de la media (no sé si esto es bueno o malo), pero abandoné la escuela después de cumplir el primer año de la secundaria. Tenía 15 años entonces y ya era soldado de la Guardia Nacional de Colorado. Debido a la acción militar en Corea, mi unidad fue activada y nos trasladaron a Texas para entrenamiento y preparación para servicio en el Lejano Oriente. Afortunadamente, mi madre intervino, y me dieron una licencia especial por ser miembro de una minoría.

Desde aquel tiempo hasta cumplir los 26 años, iba persiguiendo casi toda meta imaginable, en cuanto al trabajo y respecto a mi costumbre de beber — aquello principalmente para financiarme el trago. Me casé y me divorcié dos veces. Entonces, un día desperté para encontrarme encarcelado en "la más grande prisión amurallada del mundo," en el estado de Michigan. (Sí, cualquier cosa que hiciera, lo hacía de forma espectacular.). Allí tuve mi primer contacto con A.A. y llegué a ver lo grave y degradante que mi problema con la bebida había llegado a ser. Empezaba a asistir a las reuniones de A.A. en prisión debido en parte a la frustración, en parte por la curiosidad y, en parte, porque los oficiales carcelarios enérgicamente lo recomendaban. De hecho, el juez, al sentenciarme a una condena de dos a 14 años por falsificación de documentos, me había dicho que lo hacía más para alejarme de la bebida y enderezar mi forma de pensar que para castigarme. Cualquiera que fuese mi motivo para asistir a las reuniones, pronto encontré algo con qué mantenerme a flote. A ese hombre que se estaba ahogando, A.A. le representaba un rayito de esperanza. Me metía activamente en los asuntos del grupo hasta ser puesto en libertad condicional unos 15 meses más tarde.

Ya que abrazaba (según creía) mi sobriedad con sinceridad, y ya que una disposición de mi libertad condicional era "no beber," mantenía mi asociación con A.A. durante más o menos un año después de volver a la sociedad. Luego, mientras iban reconstruyéndose mi ego y mi orgullo, empezaba a creer que no había sido en realidad un alcohólico desesperado — simplemente no sabía controlar o aligerar el paso cuando bebía. Para entonces, estaba subiendo la escalera hacia las estrellas en la industria de la televisión y de la radio. ¿Quién se podría imaginar a una estrella que no pudiera beber? Estaba convencido de que era esencial desde el punto de vista social y, sobre todo, importante para mi ego.

Así se resolvió la cuestión. Mantendría controlado mi consumo del alcohol. De alguna forma, me las arreglé para hacerlo durante casi cinco años. Volví a casarme con mi segunda esposa, tuve un hijo y llegué a ser muy conocido entre los de mi profesión. Estos logros eran seguidos por otro divorcio, un trabajo perdido, y otra condena que cumplir en prisión. Estaré aquí no menos de un año y no más de diez. La acusación: uso ilegal de las tarjetas de crédito. Créanme, esto no es un plan de pagos fáciles.

Decimos que el alcoholismo es una enfermedad progresiva. He llegado a darme cuenta de que A.A. nos ofrece una recuperación progresiva — si realmente la deseamos. Yo sí la deseo. Se ha convertido en el aspecto más importante de mi vida, ahora y para el futuro. Actualmente, soy secretario de nuestro grupo "de adentro" de A.A. y sé que, por primera vez, estoy realmente "dentro" del programa de A.A., espiritual, mental y moralmente. "Despertar espiritual" sería una descripción inadecuada de mi renovada relación y comunicación con Dios como yo Lo concibo. No me lamento por tardar tanto tiempo en encontrar el camino; simplemente doy gracias cada día a Dios por haberlo encontrado.

Nací cuatro días después del nacimiento de Alcohólicos Anónimos. Por ambos eventos doy gracias a Dios. Espero con gran entusiasmo poder unirme a A.A. "de afuera." En el momento en que escribo, puede ser posible hacerlo, con la gracia de Dios, dentro de pocos meses.

R.P., Carson City, Nev.

Viviendo libre

Eran las 0700, el 1 de abril de 1977. No llevaba uniforme sino mi ropa de calle, la cual no me había puesto desde hacía mucho tiempo. Asomándome por la ventana del bloque de recepción, un edificio de piedra, de la Prisión de Dartmoor, veía el paisaje demasiado familiar del recinto carcelario — los jardines bien arreglados, y el brillo del camino de alquitrán que conducía a la puerta de la prisión. Había llegado la hora de salir en libertad.

A diferencia de muchos que han conocido este premio emocional, yo sabía a dónde iba, el destino de la senda por la que iría andando, lo que el futuro me tenía reservado. Todo estaba en buenas manos, porque durante los últimos dos años había sido miembro de A.A. Porque soy alcohólico.

Fui puesto en libertad con otros cuatro presos. Nos llevaron en coche a la estación de ferrocarril de Plymouth, nos dieron nuestros pases y nos dejaron allí para esperar el tren.

Una vez en el tren, después de comprar cigarrillos y café, etc., nos instalamos en un departamento para disfrutar del puro éxtasis de nuestra nueva libertad. Alrededor de las 1000 h, las tres cuartas partes del grupo se fueron sin rodeos al coche comedor donde había un bar. Al poco rato volvieron cargados de bebida. Habían logrado su meta. Durante su encarcelamiento, esto había sido su sueño dorado. Cuando el tren llegó a Bristol, bajaron tres ex convictos borrachos, poco civilizados, listos para llevarse el mundo por delante. Eran los campeones. Eran los directores gerentes del universo. Eran libres — y completamente irracionales e irresponsables, sin mencionar las dos cabezas que le habían salido a cada uno durante el viaje.

Todo esto lo observé sin comentar, pero con un sentimiento de tristeza. Esto, me dije a mí mismo, era la razón por la cual tantos de nosotros estaban destinados a volver a la prisión al cabo de un tiempo. Esto era lo que yo había hecho en otras ocasiones al verme puesto en libertad. Pero esta vez no iba a hacerlo. Por fin había encontrado un medio para cambiar aquella locura, para hacerme adulto. Lenta pero seguramente estaba experimentando la transformación que ocurre en A.A., la transformación necesaria que los alcohólicos tenemos que experimentar si esperamos llevar una vida normal.

Yo era libre, pero únicamente en el sentido de haber sido puesto en libertad. La verdadera liberación la conocí mucho tiempo antes, cuando todavía estaba encerrado en una celda. En ese momento me vino a la mente un par de líneas de una antigua poesía, que por primera vez pude apreciar en su justo valor: "Los muros de piedra no hacen una prisión/ni las rejas de hierro una jaula." Me di cuenta de lo cierto que esto era para mí. El alcohólico es prisionero del alcoholismo, encerrado en su propio infierno.

Había decidido no intentar hacerlo a mi manera esta vez. No trataría de creerme Dios. Por fin había aprendido a escuchar y aceptar el consejo de aquellos con quienes tenía un problema en común. La amarga experiencia del pasado me había enseñado lo inútil que era ser capitán de mi destino, embarcarme en ese viaje egoísta, engreído y falso. Lo había intentado muchas veces y siempre había fracasado, y cada fracaso había sido peor que el último. Había perdido y abandonado buenos trabajos, había perdido a dos esposas y a tres preciosos hijos, dos casas, un negocio y mi carácter. Había terminado en hospitales siquiátricos y prisiones, en condiciones cada vez peores. Ahora sabía por qué estas cosas me habían sucedido a mí. Ya no podía decir: "¡Ay de mí!" o "¿Por qué a mí?" Había llegado a estar dispuesto a escuchar, a responder de forma positiva y constructiva, a mantenerme con la mente abierta.

Desde que fui puesto en libertad, no todo ha sido días de miel y rosas. He tenido mis altibajos, mis problemas que enfrentar. Ha habido, por ejemplo, algunos problemas referentes al trabajo. Justo después de ser puesto en libertad, trabajaba como electricista independiente, dueño del negocio, pero no ganaba suficiente dinero. Al encontrarme con deudas después de seis meses, decidí liquidar el negocio, abandonar el oficio y buscar un empleo seguro.

Dediqué mucho tiempo a la búsqueda de un trabajo que realmente me gustara. Cuando por fin lo encontré, me despidieron al quinto día, después de una conversación con el director gerente, en la que le dije la verdad respecto a mí mismo. No fue sino otro malentendimiento y, además, una preocupación por los posibles efectos perjudiciales que pudiera tener en el negocio si los clientes supieran que había un ex convicto encargado de un puesto clave.

Por medio del programa de A.A., me era posible aceptar ese contratiempo sin inquietud o lástima de mí mismo. El hecho de que las cosas no se han desenvuelto tan fluidamente como me hubiera gustado no me ha desequilibrado. Acepto lo que venga — entre éste y el Miguel de los días de bebedor media un gran abismo. En cuanto al trabajo, la perspectiva es más prometedora: tengo trabajo suficiente para el resto del año, una buena posibilidad de obtener otros contratos más y otros proyectos a largo plazo. Incluso si las posibilidades actuales no dan fruto, sé que tarde o temprano algo se me presentará.

Mi mujer y yo nos hemos instalado felizmente unidos en nuestra nueva vida, y ella está muy agradecida a A.A. por lo que me ha dado. Asisto regularmente a las reuniones y tengo muchos buenos amigos, y trato de llevar el mensaje que me pasaron a mí.

Lo asombroso es que los problemas que surgen no me abruman. Puedo ser responsable y enfrentarme con los problemas. Puedo reconocer mis fallos y mis defectos y cuando amenazan estorbarme, puedo hacer un esfuerzo para cambiarlos. Tengo que practicar el programa cada día y a toda hora. Al darme cuenta de que estoy pensando como mi antiguo yo solía hacerlo, tengo que cortarlo y reemplazar la vieja forma de pensar por el pensar honesto y positivo de A.A. Esto da resultados, un día a la vez.

Ya ni siquiera deseo tomarme un trago. Ahora la vida es

diferente; tiene un objetivo. Vivir es practicar el programa de A.A., asistir a las reuniones, saber madurar y aprender a deshacerme del hábito loco de acabar en prisiones y hospitales siquiátricos. La decisión de cambiar fue mía, y hoy nos toca a nosotros tomar esa decisión.

M.B., Ledbury, Inglaterra

Un alcohólico perdido

A la edad de 30 años ya sabía que era alcohólico, pero tardé otros diez años en encontrar la puerta de A.A. Solo los alcohólicos perdidos tenían que recurrir a A.A. Después de seis meses de asistir diariamente a las reuniones, me di cuenta de que yo, también, era uno de aquellos alcohólicos "perdidos."

En esas primeras reuniones, hace 18 meses, había un hombre que tenía un refrán predilecto: "Cuando llegué, me dijeron que A.A. tenía un destornillador apropiado para todo tornillo flojo." En ese momento me parecía gracioso el refrán, pero no se podía aplicar a mí. Hoy me siento agradecido porque A.A. tiene esas herramientas, ya que yo, sin duda, tenía algunos tornillos flojos que apretar.

Nueve años en el seminario, seguidos por 20 años de asistencia diaria a los servicios religiosos mientras el negocio que había montado aparentemente seguía prosperando, me habían hecho duro de pelar. Sí, era alcohólico, pero un caso no tan malo. ¿No había logrado dejar de beber siete años antes de llegar a A.A.? No me parecía que valía la pena mencionar que, mientras tanto, había aprendido a emborracharme con las píldoras.

En los Doce Pasos de A.A. está la clave del buen manejo del destornillador. Si los Pasos no dan resultado, nada lo dará.

He probado una suficiente cantidad de otros programas de recuperación —espiritual, siquiátrico, oriental, místico y los que se basan en el puro sentido común— como para saber que no me dan resultado. A.A. es el último recurso para alguien que acaba sintiendo la desesperación de un hombre que se está ahogando.

Durante mis primeros días en A.A. creía tener un problema doble, con el alcohol y con la droga. Después de tantos años sin tomarme un trago, parecía solucionado el problema con la bebida. Tardé un rato en darme cuenta de que un puñado de píldoras tenía el mismo efecto que el licor — el olvido. Un día, lo descubrí: Había sustituido el alcohol por las píldoras. Era absurdo, después de una laguna mental de tres días causada por los tranquilizantes y analgésicos, recobrar el sentido y felicitarme por no haberme tomado un trago — que nadie recordara. No había botellas vacías.

Mientras acepte en lo más profundo de mi corazón que nunca puedo beber como bebe la gente normal, sé que debo estar en A.A. y practicar los Pasos diariamente para vivir sin alcohol. No puedo usar ninguna droga o medicamento que afecte a mi estado mental o emocional. Estas drogas y medicamentos me harán volver al alcohol, conduciéndome a la muerte o a la locura. El indulto que tengo es sólo para hoy, y sólo si mantengo mi condición espiritual.

No es fácil hacerlo. Yo era "experto" en espiritualidad. Hoy, me siento como un niño confundido, tratando de saber qué es la verdadera espiritualidad. En los primeros cuatro Pasos, he llegado a ver cómo me engañaba para convencerme de que tenía una firme creencia en Dios. Los que creen en Dios no hacen las cosas que hacía yo. Hoy, lo único que puedo hacer en lo concerniente a la espiritualidad es asistir a las reuniones, leer el Libro Grande, tratar de hacer los Pasos y pedir la ayuda de Dios. El resto es asunto de Dios.

Antes de llegar a A.A., me jactaba de ser un alcohólico que había dejado de beber. Un día lo hice hablando con un miembro de A.A. El desestimó la hazaña comentando de paso: "No eres sino un borracho seco." Eso no fue ningún cumplido. Poco después, ese amigo me invitó a asistir a una reunión. Lo hice para complacerle, o así lo creía. Durante los 17 meses siguientes, asistía a una reunión o más cada día.

Todos los desastres que han sucedido desde aquella primera reunión ya estaban para suceder. Era como si hubiera hecho una bola de nieve en la cima de una colina alta y, durante los pasados 18 meses, la hubiera visto crecer rodando lentamente cuesta abajo para aplastarme. En ocasiones parecía que la bola podía derretirse o desviarse, pero no lo hizo. Hoy, me parece bien que no lo hiciera. Puede que no hubiera otra forma de aprender lo que tenía que aprender. Quizá éste haya sido el golpe final y devastador, y por fin he tocado fondo.

Todos mis problemas me los he creado yo mismo. Uno de los puntos culminantes de mi vida es el día en que empecé a captar el significado de esta frase del Libro Grande. Saber que me he creado mis problemas contribuye a que yo acepte las consecuencias de mis acciones con alguna tranquilidad de espíritu.

Sigo dándome cuenta cada vez más de lo enfermo que estoy. Este proceso de descubrimiento ha sido terriblemente doloroso. No hay posibilidad de que una persona se recupere hasta que no se dé cuenta de lo grande que es la necesidad de hacerlo, de lo inútil que es tratar de recuperarse a solas.

Al comienzo, la gente me decía: "Sigue asistiendo a las reuniones. Las cosas mejorarán." Yo seguía asistiendo y las cosas han mejorado, aunque no de la forma en que creía que mejorarían. No he tenido más éxito en todas las áreas de mi vida como creía que iba a tener. Cuando llegué a A.A., tenía un trabajo excelente, una bella y sofisticada mujer, un auto último modelo y una casa de encanto. Después de un año de sobriedad, no tenía esposa, ni empleo, ni coche ni dinero y llevaba un montón de deudas imposibles de pagar. Y para colmo, con 17 meses de sobriedad, como consecuencia de ciertas acciones mías antes de llegar a A.A., me encuentro como huésped del gobierno de los Estados Unidos en la instalación siquiátrica de una penitenciaría federal de alta seguridad. Todo esto tenía que suceder para que me diera cuenta de lo perdido que estoy sin la ayuda constante de mi Poder Superior.

¿Han mejorado las cosas? No tuve que tomarme un trago hoy. Tengo esperanza. Se puede ver una luz al final del túnel, aunque a veces es débil. Cuando se baja aquella luz, hay todavía todos esos borrachos sobrios de A.A. Son una prueba de que las cosas sí mejoran para aquellos que trabajan los Pasos y están dispuestos a esperar.

J.M., Corpus Christi, Tex.

Mi nombre es Elena

Mi nombre es Elena, y soy alcohólica. Al igual que la mayoría de nosotros, llegué a A.A. por el camino duro. Sabía que tenía un grave problema con la bebida un año antes de tener que hacer algo al respecto. Un hombre había muerto y yo me encontraba acusada de homicidio involuntario.

Al principio me decía: "Es demasiado tarde ahora. ¿Por qué no morir bebiendo?" Ya había intentado morir varias veces — ¿por qué no hacerlo ahora? Por la gracia de Dios, estoy viva hoy. Debe de haber sido Su voluntad, porque yo no tenía la voluntad de vivir.

La única razón por la que quería ser puesta en libertad bajo fianza era para poder comprarme una botella de sedantes y otra botella de whisky — y esa vez tendría el buen sentido de no llamar a nadie para pedir socorro.

Mi abogado se dio cuenta de mi lamentable estado de ánimo y llamó a mis hermanas para advertirles, y cuando fui liberada bajo fianza, una hermana mía estaba allí esperándome para evitar que me hiciera daño. Fui a la ciudad de Nueva York para alojarme con ella hasta que mi abogado decidiera lo que hubiera que hacer. Ella tiene el mismo problema con el alcohol que yo, y, en ese entonces, ninguna de las dos queríamos admitirlo. Empezamos a tener viciosas peleas familiares. Muy pronto me vi más dispuesta a pasar el tiempo de espera en la cárcel, que pasarlo con ella.

En vez de esto, encontré un apartamento para mí sola. El tiempo que pasé en soledad fue una bendición. Bebía todavía, pero sin las presiones extraordinarias, bebía mucho menos. Los siguientes meses los pasaba reflexionando sobre mí misma, preguntándome por qué estaba donde estaba. Siempre había participado enérgicamente en las actividades de mi comunidad y la gente me había tenido mucho respeto hasta que conocí a un hombre, muy bebedor, y empecé a desbocarme bebiendo. Echaba la culpa de todo a esa aventura desgraciada.

En julio volví a Florida para colaborar con mi abogado en la preparación de mi defensa. El hombre con quien había tenido relaciones estaba muerto, y yo me encontraba metida en un buen lío. Mi abogado me envió a un siquiatra. La primera vez que lo vi, me dijo que era alcohólica. Volví a casa y brindé por su perspicacia. En otra ocasión, me dijo que nadie podría haberme hecho tales cosas a mí — que yo le había permitido hacérmelas. Dondequiera que recurriera, estaba perdiendo mis excusas. Tenía que hacer frente al hecho de que yo era la única responsable. Era difícil hacerlo. Cerré cada sesión con un trago.

¿Por qué dejar de beber? Sin duda tendría que dejar la bebida cuando estuviera en prisión, ¿por qué resistirla ahora? Cada vez que me emborrachaba, quería tomarme una botella de sedantes. Pero recordaba ver a mi hijo deshaciéndose en lágrimas la última vez que me tomé una sobredosis. Y cómo mi hija se fue a vivir con su padre por estar harta de la miseria en casa.

Mi siquiatra era paciente y estaba siempre a mi disposición. Creo que por fin decidí dejar la bebida para complacerle a él. Lo hice tres meses antes del penoso proceso, y me di cuenta de que sobria podía enfrentarme mejor con la pesadilla. Era todavía horrible, pero, por lo menos, podía controlar el impulso de suicidarme.

Entonces, empezaba a preguntarme si sería posible enfrentarme con la vida (una vida normal) sin beber. ¿Qué haría en una fiesta? Todos mis amigos bebían. O casi todos. Tenía algunos amigos que eran alcohólicos que no bebían (miembros de A.A., por supuesto). En aquel entonces, vivía cerca de la playa y toda la gente playera era muy fiestera. Empecé a tomar tónica con limón, sin alcohol. ¡A nadie le importaba en absoluto! Todavía me podía divertir. Todavía tenía amigos. Se desvaneció otro temor.

Tenía apoyo tanto de mis amigos que bebían como de los que no bebían. Todos se preocupaban por mí. Por primera vez en mi vida, tenía suficiente confianza en mis amigos como para apoyarme en ellos. Y nadie me volvió la espalda. Empezaba a tener largas conversaciones con mis amigos de A.A., quienes estaban a mi disposición las 24 horas del día. Por fin, dejé que una amiga me convenciera para asistir a una reunión. Lo hice para quitármela de encima. Una vez más, me sorprendió la compasión y calor que allí encontraba — y algunos incluso sabían que yo iba a ser juzgada por asesinato.

Me di cuenta que era yo la que había rechazado a la gente durante toda mi vida. Empezaba a ver que realmente yo les gustaba a otras personas y que no estaban tratando de aprovecharse de mí. Ahora, no tenía más que darles sino a mí misma.

Fui procesada y declarada culpable de homicidio involuntario. Ahora estoy en prisión, y he pasado por los períodos previsibles de tensión emocional — el temor, los remordimientos, la desesperación. Luego me uní al grupo de A.A. de la prisión. Allí recibí un tremendo apoyo moral de los oradores visitantes de afuera. Pero todavía me sonreía cínicamente cuando les oía decir que las cosas mejorarían si entregara mis problemas a Dios. ¿Cómo me podía ayudar Dios donde yo estaba? No iba a liberarme de la prisión. No iba a hacer callar a estas 80 mujeres del dormitorio para que yo conciliara el sueño — ni evitar que robaran o pelearan o insultaran. Dios puede estar en todas partes, pero yo no Lo veía aquí adentro.

Entonces empezaba a resignarme a mis circunstancias espantosas. Seguía asistiendo a las reuniones y a los servicios religiosos, esperando algo — sin saber precisamente qué. Era escéptica, pero las palabras me *sonaban* bien. Y en realidad empezaba a sentirme un poco mejor, y a sonreírme de vez en cuando. Incluso empezaba a tener sentimientos más bondadosos para con estos animales aquí. Y entonces, descubrí que dichos "animales" tenían nombres y emociones y temores — al igual que yo. Empezaba a consolarlas a algunos y a preocuparme por ellas y a ofrecerles consejo. Y me olvidaba de mí misma por un rato. El consolarlas me consolaba.

Un día, tenía que escribir una carta y mencioné que me quedaba muy poco papel. De repente, tenía una cantidad suficiente como para escribir un libro. Dos o tres reclusas vinieron y me dieron papel de su propia ración. No estaba esperándolo — ni siquiera veía a una amiga acercarse a mí. Allí habían estado, llamando a la puerta. Y yo tenía miedo de contestar. Abrí la puerta.

Ahora las cosas están mejorando. Mis amigas aquí me consuelan, y mis amigos de afuera hacen lo que pueden. Voy aprendiendo a vivir como A.A. lo sugiere en los Doce Pasos, y esto hace la vida mejor para mí y para aquellos que viven conmigo.

Voy desarrollándome en aspectos de mi vida en que tenía que desarrollarme, y cuando salga de aquí, tendré la fortaleza suficiente como para sobrevivir. Gracias a Dios, a A.A., a la iglesia, a una hermosa familia y muchos amigos maravillosos, voy a lograrlo ahora — un día a la vez.

H.P., Florida

Trato de llevar el mensaje a las prisiones

Mi padre también era un ex convicto alcohólico. Cuando yo tenía seis meses, le mataron de un tiro. Tengo dos hermanos mayores y una hermana, pero soy el único alcohólico y la oveja negra de la familia.

Mi madre se volvió a casar cuando yo tenía como ocho años. Acababa de terminar el primer año de la primaria y mi padrastro me hizo abandonar la escuela y trabajar en la granja. Era muy cruel conmigo. Puedo recordar aquellos días como si fueran ayer. Puedo recordar las ocasiones en que me azotaba tanto que la sangre manaba hasta mis piernas y la camisa se me pegaba a la espalda. Recuerdo las veces en que me derribaba a puñetazos.

No podía seguir viviendo así. A la edad de 13 años, me escapé de casa. Muchas noches me dormía llorando, por querer ver y estar con mi madre y tener miedo a volver. A tierna edad descubrí que la bebida me hacía olvidar un rato a mi madre y los problemas. Poco sabía de lo que la bebida me haría más tarde. Pero al principio la bebida me hacía olvidarlo todo y me infundía valor para sentirme como un personaje y comportarme así y esto me gustaba.

Mi amigo, el alcohol, no tardó mucho en empezar también a tratarme con crueldad. A la edad de 15 años pagué mi pri-

mera multa por embriaguez y asalto a mano armada. Poco después me metí en otro lío y esa vez me fui del estado.

Pasado algún tiempo tuve noticias de que mi madre estaba enferma a punto de morirse. Solía visitarle furtivamente. Al llegar a los confines del estado, me metía por las carreteras poco transitadas. Muy a menudo bebía durante el viaje.

Al reflexionar sobre el pasado, pude decir con certeza que, si no fuera por la gracia de Dios, podría haber sido asesino también, porque siempre viajaba armado de una pistola.

Pasaba por tres etapas en mi carrera de bebedor. Al principio bebía para olvidar y sentirme importante. Después me di cuenta de que me era necesario tomarme un trago por la mañana para poder funcionar. Experimentaba lagunas mentales y no podía acordarme de dónde había estado ni de qué había hecho. Cambiaba de marcas de whisky; cambiaba de trabajo; me trasladaba de un estado a otro. Nada me dio el resultado deseado. He pasado tiempo en nueve estados y en cada uno me he metido en líos. En el plazo de un año me mandaron a una prisión en Virginia y a otra en Pennsylvania. Allí oí hablar de Alcohólicos Anónimos por primera vez.

Conforme a la sugerencia del capellán y de dos presos compañeros, decidí investigar ese asunto de A.A. — principalmente por no tener donde más recurrir. Algo había en esas reuniones. Empezaba a esperarlas ansiosamente. Poco a poco, me iba sintiendo diferente. Estas reuniones de A.A. han llegado a formar una parte no sólo de mi vida, sino también de mí mismo, hasta tal grado que me veía queriendo dejar la bebida. Yo más que nadie sabía el precio que había pagado por beber. Y, de alguna forma, en mi mente débil de alcohólico, creía que A.A. me daría resultado como les había dado a otros.

Aprovechaba mi tiempo en prisión aprendiendo todo lo que podía acerca de A.A. y trabajando en mí mismo. Era como el retorno al ring de un boxeador. Me estaba esforzando por gobernar mi vida, en vez de dejar que la botella la manejara.

Al ser puesto en libertad condicional, no esperaba que me hicieran volver. Mi padrino de prisión me aseguró que A.A. me daría resultados y yo tenía una especie de fe. Por primera vez, veía el lado bueno de las cosas. Me habían dado una ventaja. Sabía lo que quería. Quería la sobriedad más que nada. En el momento en que escribo esta carta, he pasado once años sin tomarme un trago. No ha sido fácil, pero me ha sido grato.

Mis dos grandes deseos son de llevar una vida sobria, y de llevar el mensaje de A.A. a los que están entre rejas. ¿Cómo me mantengo sobrio? Tratando de ayudar a mis amigos reclusos a aprender una nueva manera de vivir sin alcohol. Cuando logramos la sobriedad, algo tiene que reemplazar el alcohol en nuestras vidas. ¿Por qué no dejar que A.A. desempeñe este papel?

¿Para qué sirve A.A. en la prisión? A.A. es buena en cualquier tiempo y lugar. A.A. me salvó la vida y salvará las vidas de otros muchos alcohólicos en prisión, si les llevamos el mensaje de A.A. Mis amigos alcohólicos están en prisión por la misma razón por la que yo estuve: no pudieran controlar la botella; la botella les dominaba a ellos. Ir a prisión no era asunto de libre elección; la bebida tomó la decisión.

Pero mientras están en prisión pueden llegar a saber — por medio de A.A. — por qué están allí y qué tienen que hacer respecto a sus vidas. Pueden llegar a darse cuenta de que sí tienen alternativas después de ser puestos en libertad. No tienen que beber y no tienen que volver a la prisión. Te lo dice un ex convicto alcohólico, A.A. surtirá efecto en todo lugar a toda hora, si el deseo de mantenerte sobrio es más fuerte que el de tomarte un trago. Mientras A.A. esté en el mundo, hay esperanza y ayuda.

Mis esperanzas y mi vida, las tengo fijadas en un intento de ayudar a los alcohólicos en prisión. ¿Y tú?

Carlos M., Miami, Fla.

La libertad — detrás de las rejas

Ninguno de nosotros en A.A., puede leer titulares como éstos sin sentir un escalofrío, sin ver pasar ante los ojos las palabras "Si no fuera por la gracia de Dios," y sin experimentar una gran gratitud. Es decir, aquellos de nosotros que diariamente somos libres para seguir el camino que mejor nos parezca... mientras no nos tomemos el primer trago.

Pero hay muchos que, a pesar de haber encontrado la libertad interior que A.A. les ofrece, se ven privados de la oportunidad de poner sus convicciones a prueba en el mundo ordinario. Para algunos la espera es transitoria... otros tienen que practicar estos principios en todos sus asuntos detrás de los muros de una prisión —algunos durante años, otros tal vez para siempre. José es uno de estos últimos, y uno de nosotros.

No me acuerdo de cómo llegué a Bellevue — pero recuerdo los DT y la espantosa certeza de que moriría si me quedaba... estaba de nuevo en el Bowery y luego tenía un muy extraño deseo de volver a casa. Empecé a caminar. Vagamente recuerdo pasar por Connecticut y, luego, Rhode Island... y llegar a Boston... y después el tren que me llevaría a casa. Estaba

lleno de medicamentos y de vino barato. Sin comer... sin
descansar. Entonces, estaba en mi bar favorito en el pueblo
donde vivía y había dos hombres que me decían que alguien
había golpeado a una mujer con una botella y la policía decía
que yo lo había hecho. Les enseñé mi hoja de pago del hospi-
tal donde había estado trabajando en Nueva York, pero no
parecía convencerles, entonces fui al teléfono y marqué el nú-
mero del precinto policial, y cada vez perdía la moneda. Así
que decidí andar a pie una milla al cuartel para demostrar mi
inocencia. Esta iba a ser la última milla que anduviera en
libertad. Había olvidado que había maltratado a unos policías
y que los del precinto me tenían odio y temor...

Nací en Boston en 1917. Eramos cinco en nuestra familia.
Mi padre murió cuando yo era muy joven, y mi madre tenía
que ir a trabajar para mantenernos. Eramos hijos de la depre-
sión en todo sentido de la palabra. De muchacho me acostum-
bré al trabajo duro y me gustaba. Yo era muy fuerte.

Después, en mis años adolescentes, lo popular eran las
fiestas caseras y el alcohol de contrabando. Abandoné mi
primer trabajo a causa del alcohol. Empecé a trabajar como
conductor de camiones de reparto — de hielo, de carbón, de
lo que fuese.

Entonces, comenzó una serie de arrestos por embriaguez.
Llegué a ser un hombre de gran fuerza. Podía levantar 620
libras. Si alguien me pegaba yo le devolvía el golpe enseguida.
Debido a que bebía de forma constante y que tenía fama de
resistir el arresto me conocían como "luchador de policías." A
menudo tenía que huir de mi zona de residencia a causa de
peleas con la policía local. No era un ciudadano ejemplar.

Pero nunca violenté ni robé a nadie. Trabajaba en fincas
y en barcos, en obras y construcción de ferrocarriles, incluso
como enfermero especial — y siempre me perseguía el espec-
tro de la botella. Sabía que algún día moriría por la bebida
pero no sabía cómo dejarla.

Entonces — el 20 de octubre de 1945, me trasladaron del

tribunal a la cárcel, acusado de asesinato y robo, detenido sin posibilidad de salir bajo fianza ... El proceso duró nueve días y el jurado deliberó 45 minutos y retornó con su veredicto: *culpable de asesinato en primer grado con una recomendación de clemencia*. Pero, se explicaba, según la ley, la clemencia no era posible — una declaración de culpabilidad por asesinato en primer grado suponía la pena de muerte en la silla eléctrica.

Allí está, muchacho. Armate de valor y enséñales que aunque eres un borracho puedes enfrentarte a la muerte como un hombre. El oficial leyó el veredicto y el juez pronunció la sentencia.

Esa noche me trasladaron a la Prisión Estatal, asignado al pabellón de los condenados a muerte. Condenado por un crimen que nunca cometí, y sin embargo, gracias a mi amiga la botella, no podía demostrarlo.

Sabía que iban a apelar la decisión, pero no sabía cuándo. Pasados seis meses, la primera apelación fue denegada, pero mi abogado seguía luchando. Todos los siguientes días se convertían en un infierno de incertidumbre ... Hacía mucho tiempo que había perdido la fe en un Dios que pudiera permitir tales cosas. Y ¿los hombres? Los hombres me habían metido aquí. Un día de repente me fallaron los nervios, se desvanecieron mi coraje y mis esperanzas. Me di clarísima cuenta de mi verdadera situación.

Estaba solo y ya *yo* no era suficiente. No es siempre malo estar solo, si se es autosuficiente. Pero viene el día negro en que todos los artificios, los trucos y engaños ya no te sirven para dominar la situación. Y entonces, conoces el temor — la desesperación te acompaña siempre.

No sé en qué momento preciso me abrumó, pero recuerdo con perfecta claridad rogarle algo a alguien — sólo cinco horas de paz — un día a la vez — el tiempo que se dedica a un día en la corte. De algún lugar, de alguien, me vino la paz — y no me ha abandonado completamente desde entonces. He tratado de explicármelo y he llegado a la conclusión de que, para obtener esta paz, tienes que ser un vaso limpio, del que se ha purgado toda emoción — orgullo, odio, miedo, envidia — que pueda interferir en la recepción, salvo aquella por la que suplicas.

Me quedaban 25 meses de espera. Después de obtener la paz que necesitaba, me ponía a hacer de mi día la cosa más importante de mi vida. Al levantarme, pedía a "alguien" que me concediera paz suficiente para el día por venir — y no el día entero, sino sólo las horas desde las nueve de la mañana hasta las tres de la tarde, el horario diario del tribunal.

Una noche descubrí entre mi selección de materiales de lectura un ejemplar del Libro Grande que no sabía quién me lo había dejado. Lo leí. Capté el sentido: los borrachos no son criaturas desahuciadas, sin remedio, abandonadas por Dios, desdeñadas por la humanidad, sino que son gente enferma y se les puede ayudar. Y después entendía la amarga realidad: José, es cierto todo esto, pero la verdad te ha llegado demasiado tarde. Además me di cuenta de que estaba viviendo una especie de vida de A.A., pero lo estaba haciendo cinco horas a la vez.

Sucedió una noche de finales de octubre; en las noticias de las 11:15 me enteré de que la Corte Suprema había rechazado mi última apelación. Tuve que hacer mi súplica aquella noche y no esperar hasta el día siguiente. Logré no sé cómo conciliar el sueño y me desperté a la hora acostumbrada. Tres días después me llevaron a la corte donde se revocó el aplazamiento de la ejecución. Me dijeron que, dentro de un plazo de 30 días, tendría que morir.

Cuando llegó el día, tuve un solo visitante, el peluquero de la prisión. Yo no era valiente... tanto tiempo había esperado que sólo quería que terminara. Ya había escrito mis cartas — una a mi madre, otra a mi abogado — y lo único que me quedaba era esperar... hasta las cinco, cuando atravesaría el patio de la prisión para llegar al área donde estaba instalada la silla de la muerte — y luego, a la medianoche, como dicen los chinos, "subiría al Dragón."

De súbito, en el piso de abajo, sonó el teléfono... el guardia lentamente subió la escalera. Me miró un momento y me dijo, "Recoge tus cosas ... te vas de aquí. El gobernador ha conmutado tu sentencia." Pedí los zapatos que no me había puesto desde hacía dos años y un cinturón.

No sé lo que esperaba oír decir en la primera reunión de A.A. a la que asistí en la prisión en que empezaba a cumplir la sentencia a cadena perpetua, pero al pensar en aquellas horas de paz, quería más. Sentado en esas primeras reuniones ... dándome cuenta de que todo tenía sentido ... que funciona ... me iba metiendo cada vez más. No estaba convencido plenamente al comienzo — en prisión la duda y la desconfianza están profundamente arraigadas. Pero con el paso de las semanas, me encontraba cada vez más metido: el primer inventario moral, los Pasos, el regreso a mi iglesia (después de haber reconocido a Dios como mi Poder Superior).

Hasta que llegué a A.A., no pude entender el significado de "hágase Tu voluntad" — Tu voluntad y no la mía. A.A. me ha enseñado que no es simplemente un medio por el cual la terapia de grupo puede ayudar a un hombre a lograr la sobriedad. Es una manera de vivir completamente nueva para aquellos que lo desean. Lo deseo. Para mí A.A. significa una vida con amistades auténticas, una forma de dejar de darme de cabeza contra una prisión de vidrio, una oportunidad de volver a mi Dios y de vivir como un hombre y no como un niño inmaduro con un cerebro empapado de alcohol.

A.A. es vida y esperanza y todo lo que quiero de la vida. Sin A.A. me muero, y quiero vivir — vivir la vida que para mí es la única digna de vivir — la vida de A.A.

José G., Norfolk, Mass.

Los Doce Pasos y las Doce Tradiciones de A.A. aparecen en las páginas siguientes.

LOS DOCE PASOS
DE ALCOHOLICOS ANONIMOS

1. Admitimos que éramos impotentes ante el alcohol, que nuestras vidas se habían vuelto ingobernables.

2. Llegamos a creer que un Poder superior a nosotros mismos podría devolvernos el sano juicio.

3. Decidimos poner nuestras voluntades y nuestras vidas al cuidado de Dios, *como nosotros lo concebimos.*

4. Sin miedo hicimos un minucioso inventario moral de nosotros mismos.

5. Admitimos ante Dios, ante nosotros mismos, y ante otro ser humano, la naturaleza exacta de nuestros defectos.

6. Estuvimos enteramente dispuestos a dejar que Dios nos liberase de nuestros defectos.

7. Humildemente le pedimos que nos liberase de nuestros defectos.

8. Hicimos una lista de todas aquellas personas a quienes habíamos ofendido y estuvimos dispuestos a reparar el daño que les causamos.

9. Reparamos directamente a cuantos nos fue posible el daño causado, excepto cuando el hacerlo implicaba perjuicio para ellos o para otros.

10. Continuamos haciendo nuestro inventario personal y cuando nos equivocábamos lo admitíamos inmediatamente.

11. Buscábamos a través de la oración y la meditación mejorar nuestro contacto consciente con Dios, *como nosotros lo concebimos*, pidiéndole solamente que nos dejase conocer su voluntad para con nosotros y nos diese la fortaleza para cumplirla.

12. Habiendo obtenido un despertar espiritual como resultado de estos pasos, tratamos de llevar el mensaje a los alcohólicos y de practicar estos principios en todos nuestros asuntos.

LAS DOCE TRADICIONES
DE ALCOHOLICOS ANONIMOS

1. Nuestro bienestar común debe tener la preferencia; la recuperación personal depende de la unidad de A.A.

2. Para el propósito de nuestro grupo sólo existe una autoridad fundamental: un Dios amoroso tal como se exprese en la conciencia de nuestro grupo. Nuestros líderes no son más que servidores de confianza. No gobiernan.

3. El único requisito para ser miembro de A.A. es querer dejar de beber.

4. Cada grupo debe ser autónomo, excepto en asuntos que afecten a otros grupos de A.A. o a A.A. considerado como un todo.

5. Cada grupo tiene un solo objetivo primordial: llevar el mensaje al alcohólico que aún está sufriendo.

6. Un grupo de A.A. nunca debe respaldar, financiar o prestar el nombre de A.A. a ninguna entidad allegada o empresa ajena, para evitar que los problemas de dinero, propiedad y prestigio nos desvíen de nuestro objetivo primordial.

7. Todo grupo de A.A. debe mantenerse completamente a sí mismo, negándose a recibir contribuciones de afuera.

8. A.A. nunca tendrá carácter profesional, pero nuestros centros de servicio pueden emplear trabajadores especiales.

9. A.A. como tal nunca debe ser organizada; pero podemos crear juntas o comités de servicio que sean directamente responsables ante aquellos a quienes sirven.

10. A.A. no tiene opinión acerca de asuntos ajenos a sus actividades; por consiguiente su nombre nunca debe mezclarse en polémicas públicas.

11. Nuestra política de relaciones públicas se basa más bien en la atracción que en la promoción; necesitamos mantener siempre nuestro anonimato personal ante la prensa, la radio y el cine.

12. El anonimato es la base espiritual de todas nuestras Tradiciones, recordándonos siempre anteponer los principios a las personalidades.